Gestão de vendas

MAURO CORTE REAL

Central de Qualidade — FGV Management
ouvidoria@fgv.br

Publicações FGV Management

Série Marketing

Gestão de vendas

4ª edição revista e atualizada

Elson Teixeira
Cláudio Tomanini
José Luiz Meinberg
Luiz Carlos Peixoto

FGV management
FGV Editora

ISBN — 978-85-225-0605-7

Direitos desta edição reservados à
EDITORA FGV
Rua Jornalista Orlando Dantas, 37
22231-010 — Rio de Janeiro, RJ — Brasil
Tels.: 0800-021-7777 — 21-3799-4427
Fax: 21-3799-4430
e-mail: editora@fgv.br — pedidoseditora@fgv.br
web site: www.fgv.br/editora

Impresso no Brasil / *Printed in Brazil*

1ª edição — 2004; 2ª edição — 2006; 3ª edição — 2006; 4ª edição revista e atualizada — 2007; 1ª reimpressão — 2007; 2ª e 3ª reimpressões — 2008; 4ª e 5ª reimpressões — 2009; 6ª reimpressão — 2010.

Revisão de originais: Ana Paula Machado dos Santos Dantas

Editoração eletrônica: FA Editoração Eletrônica

Revisão: Aleidis de Beltran, Fatima Caroni e Mauro Pinto de Faria

Capa: aspecto:design

Ilustração de capa: Romero Cavalcanti

Teixeira, Elson Adalberto
Gestão de vendas / Elson Teixeira, Cláudio Tomanini, José Luiz Meinberg, Luiz Carlos Peixoto. — 4. ed. rev. atual. — Rio de Janeiro : Editora FGV, 2007.
148 p. — (Marketing)

Acima do título: Publicações FGV Management.
Inclui bibliografia.

1. Vendas — Administração. 2. Marketing. I. Tomanini, Cláudio. II. Meinberg, José Luiz. III. Peixoto, Luiz Carlos. IV. Fundação Getulio Vargas. V. Título. VI. Série.

CDD-658.85

Aos nossos alunos e aos nossos colegas docentes,
que nos levam a pensar e repensar as nossas práticas.

Sumário

Apresentação

Este livro compõe as Publicações FGV Management, programa de educação continuada da Fundação Getulio Vargas (FGV).

Instituição de direito privado com mais de meio século de existência, a FGV vem gerando conhecimento por meio da pesquisa, transmitindo informações e formando habilidades por meio da educação, prestando assistência técnica às organizações e contribuindo para um Brasil sustentável e competitivo no cenário internacional.

A estrutura acadêmica da FGV é composta por oito escolas e institutos: a Escola Brasileira de Administração Pública e de Empresas (Ebape), dirigida pelo professor Bianor Scelza Cavalcanti; a Escola de Administração de Empresas de São Paulo (Eaesp), dirigida pelo professor Fernando S. Meirelles; a Escola de Pós-Graduação em Economia (EPGE), dirigida pelo professor Renato Fragelli; o Centro de Pesquisa e Documentação de História Contemporânea do Brasil (Cpdoc), dirigido pelo professor Celso Castro; a Escola de Direito de São Paulo (Direito GV), dirigida pelo professor

Ary Oswaldo Mattos Filho; a Escola de Direito do Rio de Janeiro (Direito Rio), dirigida pelo professor Joaquim Falcão; a Escola de Economia de São Paulo (Eesp), dirigida pelo professor Yoshiaki Nakano; o Instituto Brasileiro de Economia (Ibre), dirigido pelo professor Luiz Guilherme Schymura de Oliveira. São diversas unidades com a marca FGV, trabalhando com a mesma filosofia: gerar e disseminar o conhecimento pelo país.

Dentro de suas áreas específicas de conhecimento, cada escola é responsável pela criação e elaboração dos cursos oferecidos pelo Instituto de Desenvolvimento Educacional (IDE), criado em 2003 com o objetivo de coordenar e gerenciar uma rede de distribuição única para os produtos e serviços educacionais da FGV, por meio de suas escolas. Dirigido pelo professor Clovis de Faro, o IDE engloba o programa FGV Management e sua rede conveniada, distribuída em todo o país (ver www.fgv.br/fgvmanagement), o programa de ensino a distância FGV Online (ver www.fgv.br/fgvonline), a Central de Qualidade e Inteligência de Negócios e o Programa de Cursos Corporativos. Por meio de seus programas, o IDE desenvolve soluções em educação presencial e a distância e em treinamento corporativo customizado, prestando apoio efetivo à rede FGV, de acordo com os padrões de excelência da instituição.

Este livro representa mais um esforço da FGV em socializar seu aprendizado e suas conquistas. Ele é escrito por professores do FGV Management, profissionais de reconhecida competência acadêmica e prática, o que torna possível atender às demandas do mercado, tendo como suporte sólida fundamentação teórica.

A FGV espera, com mais essa iniciativa, oferecer a estudantes, gestores, técnicos — a todos, enfim, que têm internalizado o conceito de educação continuada, tão relevante nesta era do conhecimento — insumos que, agregados às suas práticas, possam contribuir para sua especialização, atualização e aperfeiçoamento.

Clovis de Faro
Diretor do Instituto de Desenvolvimento Educacional

Ricardo Spinelli de Carvalho
Diretor Executivo do FGV Management

Sylvia Constant Vergara
Coordenadora das Publicações FGV Management

Introdução

No contexto empresarial, a atividade de vendas tem um papel de vital importância para a sustentabilidade de qualquer empresa. Assim, lançamos mão da nossa experiência de mercado e como professores da Fundação Getulio Vargas. Em nossa relação com os alunos em sala de aula, mantemos um alto índice de troca de informações, o que nos permite verificar a aplicabilidade dos assuntos que trazemos para você. Trata-se de um conteúdo prático e de relevância nos resultados em vendas. Nosso objetivo é apresentar material teórico e prático sobre como o profissional de marketing deve ver o gestor de vendas de sua organização.

Este livro é uma ferramenta para o estudo da gestão de vendas dentro da gestão de marketing e é direcionado tanto para estudantes quanto para profissionais da área de marketing ou vendas. Contém os procedimentos que os profissionais devem aplicar para melhorar os resultados de marketing através de vendas.

O livro está estruturado em oito capítulos, além desta introdução e da conclusão, e tem como ponto inicial a inserção de vendas dentro da estratégia de marketing.

O primeiro capítulo propõe uma visão geral da atividade de vendas e sua relação com o marketing, separando vendas do conceito meramente transacional e mostrando uma visão integrada de relacionamento com o mercado baseado numa política central da empresa.

Marketing desenvolvendo a direção estratégica e vendas viabilizando operacionalmente as ações de mercado. As trocas realizadas por vendas são baseadas em valor e relacionamento. O segundo capítulo trata destes dois importantes desafios e é complementado pelos papéis desempenhados pelo comprador, ampliando o desafio da venda pela multiplicidade de valor para cada momento ou papel de compra.

A administração de vendas é a retaguarda para o melhor resultado de qualquer sistema comercial. O terceiro capítulo trata dos assuntos relativos à administração de tempo e recursos para chegar aos resultados planejados por marketing através do estudo da estrutura e sistemas da administração do processo de vendas.

O quarto capítulo, um complemento do anterior, trata de informações para a função de vendas e sua automatização. Qualquer que seja o processo de vendas da empresa, ele tem que estar baseado num bom sistema de informação, com a rapidez necessária à sua disponibilização para a equipe de vendas.

O processo da venda é realizado através de funções. Cada função isolada é uma tarefa. Em conjunto é um processo. O quinto capítulo trata das funções de vendas, dos tipos de vendas disponíveis para a empresa chegar ao mercado e como definir a melhor divisão de tarefas de acordo com os tipos de clientes a atender e os produtos a oferecer nos diferentes territórios.

Um cliente que compra para uso próprio tem atitudes diferentes de um cliente que compra para revenda. O sexto capítulo explora as diferentes formas de abordar o mercado quando o cliente compra para uso próprio, revenda ou industrialização.

O conceito de relacionamento com o cliente é abordado no sétimo capítulo. Já foi o tempo em que a empresa impunha isoladamente seu poder ao mercado. Hoje, depende de negociar posições pelo caminho bilateral. A presença da negociação, em maior ou menor proporção, se dará segundo o tipo de cliente e o tipo de venda determinada.

O oitavo capítulo apresenta um estudo sobre os fatores críticos que vão determinar o sucesso em vendas.

Este livro sobre gestão de vendas proporciona uma reflexão sobre esta área de gestão da empresa muitas vezes tão pouco considerada e tão isolada da gestão mercadológica. Para nós foi um rever conceitos, um reordenar raciocínio, colocando de forma objetiva como o gestor de marketing poderá tirar melhor proveito da necessária parceria com a área de vendas. Esperamos conduzir o assunto como uma boa oportunidade de reflexão sobre os conceitos em torno das atividades comerciais da empresa.

1

Vendas na estratégia de marketing

Vivemos hoje em um ambiente cercado de armadilhas, competitivo e altamente dinâmico. A todo instante surgem fatos novos e obstáculos diferentes. O desenvolvimento de estratégias[1] que permitam identificar novas tendências torna-se imprescindível. Este é o ponto-chave deste livro: desenvolver o pensamento estratégico aos que reconhecem a verdadeira importância da atividade de vendas nos dias de hoje.

Largar na frente, agregar valor, promover diferenciais competitivos, inovar continuamente são estratégias de marketing que devem ser colocadas em prática pela gestão de vendas. É o encontro do planejar/pensar com o executar/fazer.

Notadamente, diferencial não é o produto nem o preço, mas os valores agregados ao relacionamento empresa-cliente. Relacionamento é um conceito: o elemento humano como valor, pois em um mercado cada vez mais igual, "comoditado", fica evidente que gente faz a diferença.

---

[1] Palavra derivada do grego *strategus*, que quer dizer a arte do general.

Criar vínculos de mão dupla, de longo prazo, fazendo com que compradores se tornem clientes e depois se transformem em defensores da marca são atributos de sucesso e medidores de resultados nas estratégias de vendas atuais. Para tal, temos que estabelecer métodos, processos e emoção, transformando as vendas em uma experiência agradável.

A função de vendas sempre foi uma das alavancas básicas da estratégia de marketing. Entretanto, para que esta função tenha coerência com as políticas da empresa, precisa de completa integração com a atividade de marketing. Ao colocar essa integração em prática, alguns mecanismos operacionais que garantem a indispensável transferência das políticas do produto para o ponto-de-venda passam a funcionar com eficiência. Alguns dos mecanismos são:

- sistema de previsão de vendas, que permite a administração e o controle das vendas a curto e médio prazos;
- plano de distribuição, que prevê o esforço comercial de venda e a cobertura dos canais de distribuição relativa;
- plano de negócio relativo à administração da carteira de clientes;
- determinação do *mix* de produtos, que facilita a coerência do esforço de vendas com as diversas políticas adotadas para cada produto;
- plano promocional que determina, nos diversos períodos de vendas, as ações a serem efetivadas, a fim de articular o esforço comercial da empresa tanto em relação à distribuição quanto em relação ao consumidor final;
- sistema de informações da empresa que determina a trama pela qual fluem os dados fornecidos e recebidos pelo marketing, a fim de tornar as escolhas comerciais adequadas e oportunas.

Genericamente, esses são os mecanismos operacionais que, utilizados integradamente à atividade de marketing e à atividade de vendas, conferem coerência entre as políticas de produto, a operacionalidade que a função de vendas exerce em campo (condições de venda, rapidez de reações, promoções e assim por diante) e a de marketing em planejamento.

A função de vendas, para a empresa, passa a ter um caráter muito especial para a obtenção de bons resultados no cenário competitivo. Vale a pena elucidar alguns dos seus aspectos mais significantes.

A atividade de vendas

A atividade de vendas tem como foco efetivar/estimular um consumo cuja propensão foi planejada e ferramentalizada por marketing. A área de vendas vai influenciar diretamente os resultados de marketing, pois tem conhecimento do mercado comprador, da concorrência e está mais próxima das oportunidades surgidas no mercado. Note que, apesar da importância da atividade de vendas, muitos profissionais ainda não perceberam que, ao investirem nela, também estão investindo na longevidade da empresa e contribuindo para o tripé de sustentação empresarial: caixa, lucro e perpetuação.

Atualidade em vendas

Em todos os esforços de modernização das empresas por meio de processos de reengenharia e *downsizing*, a área de vendas foi a que menos ou quase nenhum reflexo recebeu destas modificações. A estrutura e os processos de vendas têm hoje o formato básico existente antes da aplicação do marketing, direcionado pelo mercado.

Na maioria das empresas, vendas é uma das únicas atividades que ainda não se beneficiou das inúmeras e comprovadas vantagens do uso correto de processos, mesmo porque não existe o modelo ideal de vendas. Cada empresa desenvolve o seu, de acordo com as características do mercado e do momento que atravessa. O que interliga tais processos são os pressupostos básicos da política comercial, que veremos a seguir.

Os pressupostos básicos da política comercial

As atividades na área de vendas são muito mais do que a administração de transação com o mercado. Representam um conjunto de estratégias que deverão ser realizadas após a elaboração de um plano de vendas que considere a utilização das ferramentas disponibilizadas pelo marketing e que contemple a análise e definições de caminhos estratégicos da empresa alinhados a sua competência, visão, missão e valores que, por sua vez, deverão estar juntos com os objetivos de curto e médio prazos traçados nos planos de marketing.

Das políticas, aquela que mais influencia vendas diz respeito ao seu formato comercial. Para sua prática, algumas ações devem ser levadas a efeito:

- desenvolver uma minuciosa análise, para conhecer a própria empresa na sua área/região de atuação, identificando os pontos fortes, os pontos fracos, as ameaças e oportunidades no mercado;
- identificar oportunidades com os clientes e as empresas que estiverem no mercado;
- manter relacionamento com todos os clientes, em todos os níveis e com pessoas que possam decidir ou influenciar a compra;

- elaborar propostas claras que possam gerar, além de negócios duradouros com rentabilidade assegurada, respeito e confiança dos clientes;
- negociar com os clientes, trazendo rentabilidade e percepção de valor;
- identificar, em cada cliente, oportunidades de novos negócios, bem como maior utilização dos produtos/serviços adquiridos;
- acompanhar as atividades internas e externas que tenham relação com a satisfação e ampliação da utilização dos produtos/serviços oferecidos aos clientes;
- manter relacionamento pós-venda com os clientes, para novos negócios a longo prazo;
- avaliar a satisfação do cliente com relação aos serviços prestados;
- avaliar a possibilidade de criação de novos produtos que possam gerar mais rentabilidade para a empresa no futuro;
- avaliar e entender que nem sempre volume de vendas é sinônimo de lucratividade.

Como vimos, é a multidirecionalidade e interligação de informações de mercado, comunicação com este mercado e de políticas internas que vão distinguir as atividades de vendas de uma empresa e de sua concorrente. Esta postura competitiva vai traçar o que chamamos de cenário para vendas, descrito a seguir.

O cenário para vendas

Competitivamente, o cenário nacional atual apresenta-se em rápida transformação e evolução. Há concorrentes e eles oferecem uma variedade de produtos e serviços cada vez mais abrangentes, o que lhes permite satisfazer um número crescente de exigências dos consumidores e, ao mesmo tempo, oferecer melhores serviços ao distribuidor. A utilização de sistemas informatizados, que funcionam como ferramentas de armazenamento de informações atualizadas continuamente pela equipe comercial, facilita a otimização e os ajustes necessários das estratégias de vendas e a redefinição, o realinhamento de toda a gestão de vendas, incluindo a forma e as características do papel de cada vendedor.

Por seu turno, a distribuição confirma a tendência de concentração do volume de negócios, aumentando o poder de barganha em relação às indústrias. Como conseqüência, melhora o nível de serviços oferecidos ao consumidor e aperfeiçoa-se, a cada dia, o sistema administrativo e de controle. O fator mais inovador é a agressividade das empresas intermediárias,[2] no sentido de consolidar a preferência por sua marca e estimular a fidelização à loja, por meio de uma competição nas diferentes formas de atuação no ponto-de-venda.

A integração entre as funções de marketing e de vendas leva ao equilíbrio entre o mercado e os mecanismos operacionais dessas duas funções, tornando possível uma função de vendas orientada para o mercado com características diferenciadas, vendedores especializados e administração voltada para a eficiência dos relacionamentos, e um reforço da atividade de *merchandising*. Daí a indispensável colaboração entre as áreas de marketing e vendas.

Veja a seguir o exemplo do que é necessário para um esquema simples da atividade de vendas:

- estratégia e utilização das informações do mercado como inteligência competitiva;
- análise qualitativa dos objetivos e necessidades do cliente;
- apresentação de proposta elaborada a partir das necessidades levantadas junto ao cliente;
- negociação dos termos de interesse comum;
- fechamento do negócio, assegurando o cumprimento de todos os compromissos acordados;

---

[2] São representadas pelos varejos, distribuidoras ou atacadistas.

- acompanhamento pós-venda de todo o processo e averiguação da utilização do produto/serviço adquirido, promovendo os ajustes necessários que garantam um relacionamento eficiente e duradouro.

Para que a atividade de vendas cumpra o seu papel, é fundamental que haja entrosamento com a atividade de marketing, pois, como veremos a seguir, uma das funções mais específicas do marketing é incrementar a atividade de vendas, muito embora algumas vezes as diferenças de prazo em suas metas individuais levantem dúvidas sobre a eficiência dessa interatividade.

A atividade de marketing

A tentativa de união estratégica entre a atividade de vendas e o marketing foi quase sempre conflitante. Essa situação deriva das naturezas diferentes das duas funções. O marketing desenvolve função de planejamento, buscando resultados a médio e longo prazos. Vendas cumpre papel tático e tem objetivos de curto prazo (cotas mensais com fechamentos anuais), além das suas ações dizerem respeito a todos os produtos da empresa. Há muita diversidade nos conceitos retóricos do que era marketing e do que era vendas, discriminando ambos. Isso levou à cultura de um relacionamento desordenado e sem cumplicidade entre as duas funções.

Quanto à evolução das dinâmicas de mercado, aconteceram três fases bem distintas:

- primeiro o mercado em expansão e a empresa produzindo para atender à elevada absorção da demanda de mercado. A empresa não tinha interesse em analisar as exigências dos consumidores, já que o mercado consumia toda a produção. Nessa fase, a atividade de vendas era determinante para a transferência do produto nos pontos-de-venda, enquanto a atividade de marketing não existia ou limitava-se ao desenvolvimento de pesquisas e sondagens ou à elaboração de campanhas publicitárias;

- depois, em uma segunda fase, o mercado desenvolveu-se e os setores mercadológicos atingiram maturidade. A empresa começou a enfrentar as primeiras dificuldades e a perceber a importância de oferecer produtos de acordo com as exigências do consumidor. Para resolver essas dificuldades, surgiu o departamento de marketing, analisando e planejando as atividades da empresa e os seus produtos. Conseqüentemente, a função de vendas perdeu sua importância, pois a empresa concentrava-se em identificar as variedades de produtos e serviços mais adequadas às solicitações de mercado. Foi a fase de maior conflito entre as duas funções;
- na terceira fase, a última no período de evolução das atividades, o sistema distributivo (e logístico) modificou o sistema de administração da empresa, colocando-se a produção como uma verdadeira resposta a um presente e diversificado mercado. A empresa transformou sua abordagem comercial de orientada para o mercado para integrada ao mercado, com o foco do cliente e não o foco no cliente, uma diferença fundamental para o seu desenvolvimento, consolidando o nascimento da chamada era do relacionamento. O sistema distributivo passou a ser tratado como o verdadeiro interlocutor, apresentando necessidades diferenciadas, representando com maior fidelidade as necessidades do consumidor final. Nesta fase, as atividades de marketing e de vendas tendem à contribuição mútua e alinhada, ressaltando-se que a atividade de vendas passou a ser organizada por canais de distribuição; certos mecanismos operacionais foram adicionados a fim de promover com maior fidelidade e eficácia o diálogo entre as duas atividades. Hoje, as indústrias de bens

de consumo de massa, como as de transação empresa-para-empresa (*business to business*), estão preocupadas em reorganizar sua abordagem comercial, equilibrando de maneira correta a relação entre as duas atividades e, sobretudo, orientando as vendas para uma posição mais atenta às exigências do mercado. É como transformar a atividade de vendas de simples função operacional em elemento que traz em si os objetivos de marketing, fazendo do vendedor não apenas o elemento que executa a tarefa de vender, um mero tirador de pedido, administrador de demanda, mas um profissional muito mais completo, um intérprete dos princípios e políticas de marketing, transformando sua atividade em gestão consultiva com seus clientes.

É importante salientar que a atividade de vendas, hoje, significa mais que apenas o comércio de produtos e serviços: significa a presença e a permanência da empresa no mercado. Por isso, precisamos considerar se há condições de evolução para vendas, e aumento do *market share*.

A evolução da venda

Em um passado de demanda maior que oferta, período de alta inflação e poucos competidores, a função de vendas não considerava as necessidades do cliente e o ritmo de saída dos produtos. Comercialmente, passou a desenvolver vários mecanismos para otimizar a venda orientada muito mais para as compras. Houve concentração do volume de negócios, melhoramento da administração das empresas de distribuição, informatização do planejamento e controle dos resultados e ascensão do nível cultural dos distribuidores. A partir dessas mudanças no cenário competitivo, o poder de barganha começou a ser executado pelos intermediários. O gerenciamento mais atento do ponto-de-venda ressaltou a rentabilidade gerada pela administração, reduzindo a importância dos volumes negociados. Essas ocorrências no mercado obrigaram as empresas a repensar a função de vendas e a remanejar o sistema de distribuição e a forma de olhar os canais de vendas. Foram as primeiras idéias de plano de trabalho, mais tarde conhecido como plano de marketing. Era uma proposta de elaboração de planos específicos para atender a tais clientes, com satisfação garantida.

A distribuição orientada para a rentabilidade dos produtos alterou o conteúdo da negociação, voltada agora para a venda da variedade de produtos. Não bastava falar de descontos, era preciso argumentar sobre rotatividade, espaço ocupado e rentabilidade global de cada produto. As empresas passaram a alocar recursos segundo as exigências dos vários tipos de pontos-de-venda.

Hoje, a função de vendas oferece à distribuição um nível de serviço que otimiza os custos logísticos (entregas programadas, periodicidade das visitas de acordo com o estoque), abordagem de venda orientada para exigências específicas e relação voltada para o lucro, com planos de venda adequados a cada cliente. Aí, sim, finalmente, a função de vendas integra-se ao marketing para satisfazer as exigências do cliente final.

Investigando a função de vendas, vamos encontrar o elemento executor e indispensável ao processo que é o vendedor. Seu papel, de fundamental importância, é o que trataremos a seguir.

O papel do vendedor

O profissional de vendas tem que assumir o papel do empreendedor e realizar autogestão.

O perfil do novo profissional de vendas inclui a comercialização de produtos acompanhada do fornecimento de um serviço. Para tanto, o vendedor deve vender:

- a si mesmo, como interlocutor profissional;
- a empresa para a qual trabalha;

- o produto;
- as suas atividades de suporte para garantir o melhor negócio e o serviço mais adequado às exigências do cliente.

Esse novo papel é determinado pelas novas perspectivas comerciais, que avaliam as exigências do consumidor e estudam as necessidades da distribuição.

Pelas tendências evolutivas do marketing, o ciclo de vida dos diversos mercados está em fase de maturidade e o crescimento acontece com a capacidade de identificar e satisfazer exigências dos segmentos de mercado. Os canais de distribuição escolhem suas políticas de vendas em conseqüência da crescente diferenciação e a abordagem do vendedor ajusta-se aos processos de compra diferenciados. As promoções pesam cada vez mais no *mix* de marketing. O vendedor, no ponto-de-venda, contribui para a administração, realização e controle e realinhamento do plano de vendas pré-elaborado.

Já as tendências evolutivas da distribuição mostram que o volume de negócios concentra-se em grandes compradores, que irão assegurar faturamento e participação de mercado, porém torna-se iminente a necessidade de desenvolver pequenos clientes que irão garantir rentabilidade e perpetuação. Estes devem receber muita atenção, pois, muito mais do que vender, será necessário desenvolver o potencial de vendas de cada pequeno comprador, contribuindo para aumento de competitividade. Nesse momento, o vendedor é o consultor do cliente, pois tem o papel de estar comprometido com o negócio como um todo, no qual as vendas são uma decorrência do crescimento do cliente. Com todas estas mudanças, o papel de vendas demanda muito mais tarefas e, obviamente, maior preparo e capacidade, pois deverá ser apto a desenvolver: previsão de vendas, programação de compras, políticas de vendas em cada cliente, administração de espaços para visibilidade de seus produtos, bem como ações de *merchandising* e de promoções no caso da relação com o varejo e garantir o melhor do produto nas compras industriais. A distribuição estruturada e organizada aumenta sua complexidade e o vendedor conquista uma maior abrangência nos negócios com o cliente, negociando com diferentes níveis de organização. Por fim, com a evolução do auto-serviço, o vendedor torna-se especialista em técnicas de administração do espaço e de vendas, aumentando o impacto provocado por parte do produto junto ao consumidor como forma de ampliar a participação de seus produtos nos negócios do cliente.

Analisando as tendências evolutivas do comportamento do consumidor, percebemos que o volume de compras por impulso aumenta e o vendedor orienta o ponto-de-venda com cuidado para garantir o crescimento das vendas em cada um de seus clientes. A marca do distribuidor torna-se cada vez mais importante. O vendedor passa a dedicar-se a assegurar o sucesso de seu cliente que, por sua vez, é seu próprio sucesso.

Quanto às características que redefinem o papel do vendedor em uma perspectiva orientada para o mercado, temos:

- a especialização da função e a conseqüente atribuição de tarefas precisas, além da orientação para maximizar a eficácia do seu trabalho;
- a coordenação das ações e o controle dos resultados;
- a unicidade da administração do cliente, que determina a responsabilidade conjunta dos resultados obtidos e a maior eficiência;
- a integração da atividade de vendas com a de *merchandising*,[3] sobretudo na redefinição de tarefas que prevêem a análise

[3] *Merchandising* é uma das ferramentas do *mix* de comunicação. É representado por todas as atividades que procuram conduzir os bens em direção ao consumidor, destacando o produto no ponto-de-venda perante o consumidor e a concorrência.

das exigências do distribuidor, o planejamento das ações e o controle dos resultados;
- o acompanhamento direto dos resultados financeiros, administrando a inadimplência.

As atividades inerentes à função de vendas podem se dividir em venda direta, indireta e integrativa. A venda direta caracteriza-se pela análise e planejamento das atividades de venda, de negociação e conclusão do negócio; pelas iniciativas de desenvolvimento dos clientes; e pela aplicação das políticas da empresa. A venda indireta revela-se na assistência e consultoria aos clientes e na resolução de seus problemas. A atividade integrativa caracteriza-se pelas ações administrativas, pela programação e administração das informações.

O vendedor, para tanto, precisa de conhecimentos que dizem respeito ao produto; à rentabilidade e valores que o diferenciam da concorrência; à empresa, no âmbito de suas políticas e dos objetivos específicos; aos clientes, características de cada categoria, especificidades de cada cliente sob sua responsabilidade, potencial de vendas; e aos concorrentes, características principais dos produtos que oferecem. Já as capacidades profissionais devem identificar e contatar clientes potenciais; programar as vendas em função das potencialidades do cliente e de suas necessidades; obter pedidos; promover as vendas; e colher dados como sensor do marketing no contato com o mercado. Ao vendedor não cabe mais o simples foco na venda. É indispensável que ele consiga perceber, ao mesmo tempo e o tempo todo, o cliente e o produto e que esteja orientado para o mercado.

A orientação para o mercado

No marketing existem alguns conceitos significativos quanto às vendas orientadas para o mercado: atenção às exigências dos clientes, segmentação de mercado,[4] posicionamento de mercado[5] e poder da marca.[6] Destacamos os dois primeiros.

Em uma segmentação eficaz, cada segmento tem de ser mensurável, acessível, quantitativamente relevante e passível de defesa. A orientação para o mercado garante que se ofereça o produto correto para a satisfação de uma exigência específica. A segmentação permite dividir os clientes em subgrupos homogêneos.

Para a venda orientada ao mercado os objetivos significativos são:

- determinar os grupos de clientes homogêneos em função das diferenças com as quais reagem aos esforços de venda;
- caracterizar o mercado;
- planejar as políticas de vendas para as oportunidades identificadas.

Para alcançar esses objetivos, a empresa deve:

- mostrar-se sensível aos estímulos do mercado;
- identificar os produtos adequados;
- personalizar a apresentação da oferta segundo as exigências específicas do cliente, descobrindo oportunidades de venda.

As variáveis importantes a serem identificadas para a elaboração do plano de vendas devem levar em consideração as características da organização do cliente, que revelam sua potencialidade, o sistema de compra, que mostra a sensibilidade

---

[4] Segmentar um mercado é dividir este mercado em grupos diretos de compradores que podem requerer produtos e/ou composto de marketing separados (Moreira, 1996).
[5] Ações empreendidas para que um produto ocupe uma posição clara, distinta e desejável, em relação aos produtos da concorrência, na mente dos consumidores objetivados (Moreira, 1996).
[6] O poder da marca se relaciona com o grau de reconhecimento da marca, à qualidade percebida da marca, a fortes associações emocionais e mentais e outras propriedades como patentes, marcas comerciais e relacionamento nos canais (Kotler, 2000).

aos diferentes elementos do *mix* de marketing e às táticas de venda, e o quadro competitivo, que expõe o tipo e o nível de competição existente.

Uma vez identificadas tais variáveis, podemos considerar as seguintes situações:

- clientes com potenciais baixos, médios ou altos;
- clientes com processos de compra sensíveis ao preço, sensíveis ao valor do produto, ou sensíveis ao valor econômico do serviço.

Para que todas essas situações sejam aplicadas com destreza, o gestor de vendas deve conhecer as habilidades que uma equipe de vendas, por meio de suas formas de venda,[7] deve desenvolver no dia-a-dia:

- ter controle, confiança e segurança — acreditar no produto que está vendendo e saber argumentar por meio das principais técnicas de vendas (preparação diária, abertura da venda, sondagem, demonstração do produto, fechamento da venda, confirmações e convites), fazendo com que o vendedor se sinta seguro e confiante;
- ter metas e objetivos — é necessário trabalhar com seriedade, apresentar bons resultados, produtividade satisfatória e, ainda, alcançar os objetivos da empresa;
- ter determinação e pensamento positivo — é preciso ser uma pessoa que tenha uma visão clara de onde quer chegar, acreditar no trabalho a ser desenvolvido e prestar um atendimento a todos os clientes com entusiasmo;
- saber ouvir o cliente — deixar o cliente falar, para conseguir identificar as reais necessidades dele e oferecer o produto certo;

---

[7] Venda face a face, telemarketing, eletrônico ou correio (os tipos de vendas serão vistos no capítulo 5).

- não julgar o cliente — acreditar que cada um é único e atendê-lo de maneira personalizada;
- ter sempre uma conduta correta — apresentar argumentos concretos e nunca mentir para o cliente, de modo a conquistar sua confiança e envolvê-lo no processo de venda;
- ter uma linguagem adequada ao seu público — falar de forma clara, prática e objetiva, procurando esclarecer todas as dúvidas sobre os produtos, sem usar uma linguagem muito técnica;
- ter conhecimento do produto — estudar e possuir um conhecimento abrangente sobre as características e benefícios do produto, ressaltando-os no momento da venda para o cliente;
- ter conhecimento da concorrência — saber quem são os principais concorrentes da empresa e no que a sua empresa se diferencia da concorrência;
- agregar sempre valor ao produto — saber contornar as possíveis objeções dos clientes, agregando valor ao produto vendido;
- ter atenção — estar atento ao cliente e desenvolver um trabalho contínuo de pós-venda, sempre com o objetivo de vender mais e personalizar o trabalho;
- ser atualizado — procurar informar-se sobre o que está ocorrendo de novo no mercado, não só sobre seu segmento, como também em relação a assuntos diversos, facilitando a conversa com o cliente;
- assumir riscos e gostar de desafios — o profissional de vendas, em qualquer tipo de vendas, deve vibrar com grandes conquistas, aceitar desafios propostos pela empresa e empenhar-se para fechar negócios de sucesso, sentindo-se motivado e envolvendo-se com os resultados finais da empresa;
- deve gostar de obter retorno financeiro — esta é talvez a principal característica de um profissional de vendas. É comum no departamento comercial da empresa haver compe-

ticões para incentivar as vendas, com recompensas distribuídas por meio de prêmios. O profissional de vendas deve se sentir desafiado e perseguir um bom resultado para vencer;

- ter desenvolvimento profissional e treinamento — deve saber aproveitar todas as oportunidades oferecidas pela empresa em relação a treinamento técnico de vendas, pois seu desenvolvimento resultará em um trabalho com mais qualidade e trará, conseqüentemente, mais vendas para a empresa;
- ter planejamento — deve ter preocupação em preparar o seu dia, definir quais os clientes que irá abordar e trabalhar, conhecer as rotinas da empresa e dedicar-se cada dia para desenvolver um trabalho de sucesso.

Todas essas habilidades são fundamentais para o sucesso de um profissional de vendas, mas é importante ressaltar que o verdadeiro profissional deve ter consciência do seu papel (função que desempenha na empresa) e da importância que tem dentro da organização, pois são aspectos que contribuirão para o seu envolvimento e dedicação ao trabalho.

O verdadeiro profissional de vendas é aquele que transforma clientes em efetivos compradores, que transforma o "não" em dúvidas a serem esclarecidas, problemas em oportunidades e, finalmente, que acredita que o sucesso é a busca continuada de aperfeiçoamento.

Quantas vezes o vendedor ofereceu uma solução total ou sob medida para determinado cliente? A essência desta resposta pode indicar o verdadeiro grau de empatia com o cliente. Este grau de empatia vai além da simples satisfação, pois significa dar ao cliente os benefícios e resultados do produto/serviço adquirido, além de orientar toda a atividade empresarial para o cliente, desenvolvendo uma relação duradoura.

Competitividade é ter o foco do cliente, antecipar-se às idéias e conceitos e — o mais importante — conquistar o cliente de forma racional e emocional. Preço não garante fidelidade. O que garante é o tratamento diferenciado que se dá ao cliente.

Quando se aplica o planejamento de marketing com a gestão de vendas e as duas práticas ficam integradas, não se percebendo quando se trata de uma ou outra, é sinal que a empresa tem sua equipe de marketing alinhada à equipe de vendas e que ambas possuem a sincronia necessária para garantir maior assertividade no mercado.

2

O processo da venda

O processo da venda, como vimos no capítulo anterior, está inserido no processo de marketing. Em essência, vamos encontrar de um lado os consumidores ou os clientes.[8] Estes, por sua vez, têm suas necessidades e desejos. Para vendas, necessidades são satisfeitas com produtos ou serviços básicos, necessários para a sobrevivência. Por exemplo, o alimento do dia-a-dia, o "feijão-com-arroz", é uma necessidade. Desejos, para vendas, são as necessidades básicas moldadas, os anseios ou aspirações dos consumidores, não pertencentes a sua sobrevivência. Por exemplo, o alimento de um *fast-food* tipo McDonald. Consumidores e clientes satisfazem suas necessidades e desejos através de produtos ou serviços. Uma demanda é representada pela disposição de consumidores e clientes em obter determinados produtos ou serviços. Do outro lado, temos a

---

[8] Entende-se por consumidor o usuário final de um produto produzido por uma cadeia de suprimentos e, por cliente, toda interface dentro de uma cadeia de suprimentos, ou seja, as relações entre empresas.

empresa, produtora de produtos ou serviços. Seu desafio é interpretar as demandas ou desejos dos consumidores e clientes, por meio de ferramentas de investigação, e satisfazer as solicitações dos clientes com produtos ou serviços.

Aqui atua o marketing, avaliando as oportunidades de demandas e respondendo com os melhores e mais competitivos produtos e serviços, desenvolvendo trocas lucrativas para a empresa. A principal tarefa de um gestor de marketing é dar velocidade a estas trocas, criando atratividade e gerando propensão ao consumo. A velocidade pode ser representada pelo aumento do faturamento da empresa pelo maior número de clientes compradores, pelo aumento de uso (consumo) dos produtos (serviços) já comprados por atuais clientes, pelo maior número de itens comprados pelos atuais clientes (novos produtos, novos serviços), ou ainda pela combinação de mais clientes comprando (novos clientes) com mais itens no *portfolio* (novos produtos).

A essência de vendas é efetivar as trocas na velocidade planejada pelo marketing. Resumindo, é operacionalizar as decisões de marketing. A abrangência da função e processo de vendas não se restringe apenas à negociação da oferta e à satisfação do cliente por meio do pedido. Está relacionada com atividades de comunicação da oferta, informação de mercado (retroalimentação do processo mercadológico), avaliação do risco de venda, entre outras.

O relacionamento baseado em valor

Qualquer que seja a troca feita entre a empresa e seus clientes e consumidores, é baseada em valor. O estabelecimento de valor é de responsabilidade tanto de marketing quanto de vendas, pois está relacionado não só à oferta em si como também ao relacionamento com o mercado.

Valor pode ser entendido como uma avaliação subjetiva dos benefícios recebidos em troca de um custo monetário (Iacobucci, 2001). Esses custos monetários são relativos às ações de procurar, comprar, usar e desfazer-se de um produto ou serviço que foi objeto da troca. Esta avaliação subjetiva dependerá ainda do momento da oferta segundo o ambiente existente entre as propostas e os preços disponíveis da concorrência.

Um benefício é uma situação individual que descreve o que o comprador do produto ou serviço ganha com o mesmo. É a indicação clara do que os clientes pensam que obtêm na oferta de valor. O benefício de um produto pode ter três variáveis relativas a valor: benefício pelo valor econômico com a relação entre preço e qualidade percebida;[9] benefício pelo valor funcional relativo às características tangíveis do produto (ou serviço) como os seus atributos, aplicações e durabilidade; e, finalmente, benefícios pelo valor psicológico, a área intangível de um produto relativo à sua marca, confiança e reputação do produto, além da própria experiência com o produto.

Ainda segundo Iacobucci (2001), o valor se caracteriza por ter três aspectos que concorrem para o desafio do desenvolvimento da troca: o valor é sempre perceptivo, variando conforme a percepção individual do cliente; o valor é contextual, variando conforme a situação de compra e as alternativas disponíveis; o valor é multidimensional, uma vez que os clientes avaliam os benefícios recebidos em termos econômicos, técnico-funcionais e psicológicos.

A venda de valor é o grande desafio dos gestores, tanto os de marketing como planejadores, quanto os de vendas como executores. O estabelecimento de valor no processo de troca implica o conhecimento individual de cada grupo de clientes

[9] Qualidade percebida é a relação entre a qualidade esperada antes da compra e a qualidade experimentada depois da compra.

(ou cliente individual, conforme a possibilidade e acessibilidade), o planejamento de como chegar até ele e a forma de convencimento para a realização da troca. Como conseqüência, o processo das vendas completo necessitará, de um lado, de uma grande sinergia com as atividades de base e planejamento executadas pela área de marketing e, do outro, de um grande conhecimento do mercado a ser atendido pela área de vendas na qual ocorrerão as trocas.

A inserção do plano de vendas no planejamento estratégico de marketing ocorre após a definição do plano de negócio da empresa com sua missão, objetivos e estrutura; as definições relativas ao plano de marketing em si, com a necessária análise competitiva, a segmentação de mercado e definição do mercado-alvo. O plano de vendas considera o acesso ao mercado, o relacionamento com este mercado e o orçamento operacional. Com base nisto, o gestor de vendas poderá então considerar, a partir do mercado-alvo, que tipo de abordagem deverá realizar para chegar aos números planejados (volume de vendas e faturamento, participação de mercado e lucratividade) e como poderá obter satisfação deste mercado atendido.

O processo de venda e sua relação com o mercado

Uma parte importante do processo de vendas é a sua relação direta com o mercado. É um relacionamento de dependência: não há venda sem que haja dois lados. Se em um passado não muito distante o relacionamento era dependente exclusivamente do uso do poder de uma parte sobre a outra por meio da força, hoje isso não é mais possível. O mercado amadureceu, as opções de oferta cresceram em uma proporção inversa ao número de clientes.

Os clientes conquistaram conhecimento amplo dos assuntos em torno dos negócios; obtêm com facilidade informações e não aceitam mais negociar sob pressão. Os estoques resultantes das compras não podem ser baseados simplesmente em resultados financeiros. E, dentro desse cenário, o processo da venda deverá privilegiar o relacionamento com o mercado, cujo resultado a ser alcançado na troca deverá ser o benefício que o produto vendido oferecerá ao negócio do cliente. Por isso, o conhecimento pleno do mercado de atuação do cliente bem como seus objetivos e estratégias são condições básicas para a realização das trocas. A "intimidade" de vendas com os clientes é básica para a obtenção de melhores e duradouros resultados. O processo de vendas deverá ser ampliado do simples "tirar pedidos" para um maior envolvimento com o serviço prestado, onde a qualidade não será uma atividade meramente da área produtiva e sim de todos os que mantêm contato com o cliente. Para isto e de um modo geral, as atividades do processo de vendas deverão privilegiar a retenção do cliente, praticando-se um constante contato para seu melhor entendimento e planejamento de sua conta para um resultado de longo prazo.

Para o processo da venda não é mais possível imaginar alcançar os objetivos do fechamento de negócio, deixando para o momento da venda tudo o que for necessário para a sua concretização. As etapas devem ser executadas com a profundidade e a abrangência necessárias. O sucesso desse processo dependerá do sucesso de cada parte. Pré-venda, venda e pós-venda, por qualquer caminho e para qualquer tipo de relação com o mercado, devem ser consideradas, planejadas e praticadas para garantir o melhor relacionamento com o mercado, o melhor processo de troca e a melhor rentabilidade da venda.

Encontrar clientes para comprar os produtos ou serviços da empresa será uma atividade dentro do processo da venda, de acordo com o produto ou o mercado atendido. Para produtos de consumo de massa e alguns bens duráveis, por exemplo, a preocupação do marketing é provocar interesse pela compra através de atividades de comunicação de massa ou dirigida. Para bens industriais, por outro lado, o suporte necessário é aquele que privilegia uma comunicação mais íntima, por meio da disponibilização de meios de comunicação como catálogos, folhetos, feiras, exposições. O marketing deve procurar sempre os meios mais rentáveis para aproximar clientes interessados da área de vendas ou, então, deve ajudar na construção do interesse pelo produto ou serviço realizado por vendas.

O processo de vendas, portanto, é amplo e dependente de um processo maior que vem da orientação de marketing. O profissional de marketing deve trabalhar em conjunto com vendas e perceber que ela é uma importante ferramenta para alcançar resultados. Deve oferecer apoio para a execução do serviço da venda, disponibilizando suporte e ferramentas para que a área de vendas atinja os objetivos.

Assim sendo, uma ação de marketing só é completa quando a área comercial se beneficia fazendo uso mercadológico: ampliando ou solidificando seus contatos.

A identificação dos papéis de compras

A compra, ou seja, o desejo de adquirir algo baseado em necessidades, urgência e orçamento do comprador é um fenômeno bastante complexo, onde vários fatores influenciam e interferem positiva ou negativamente. Compreender esse fenômeno e usar isto para fazer negócios é o grande desafio dos profissionais de marketing e vendas.

Quando falamos em vendas com foco no cliente, imediatamente pensamos como compradores e não como vendedores. É preciso entender o que se passa na cabeça de um comprador quando ele está envolvido no processo de compra, seja uma decisão de baixo risco (ofertas simples) ou alto risco (ofertas complexas).

É necessário identificar os valores que serão considerados pelo comprador em cada uma das situações para se conseguir êxito com as estratégias de criação de valor (abordagem de vendas). Em outras palavras, precisamos entender o padrão que o comprador utiliza para tomar decisões de compra em uma determinada situação.

Na essência, a venda é uma tentativa de comunicar os valores agregados da nossa oferta para que o comprador perceba a adequação às suas necessidades (valor percebido). É neste momento que a compra é decidida.

Quando o comprador está em ação, avalia, decide, aprova, assume compromissos formais, ou seja, adquire e utiliza, direta ou indiretamente, produtos e fornecedores. Esta é a dinâmica do processo de decisão da compra: avaliações, decisões, aprovações e utilizações. É preciso compreender as motivações e critérios de compra utilizados pelos compradores, pois são eles que imprimem dinâmica ao processo de compra.

Quando uma pessoa decide adquirir uma roupa para seu próprio uso, define e inicia um processo de tomada de decisão. Ela avalia as suas necessidades, estabelecendo os critérios de compra e as alternativas disponíveis, comparando os seus critérios de compra com especificações de produtos e fornecedores, avalia a sua urgência e orçamento, decide pela melhor das alternativas, aprova, escolhendo o produto ou fornecedor, adquire a roupa escolhida e a partir daí vai utilizá-la até que seja descartada (substituída, reciclada ou jogada fora). No exemplo, uma única pessoa desempenhou todos os papéis no processo de compra (avaliador, decisor, aprovador e usuário).

Quando uma grande empresa do ramo de laticínios decide lançar um novo produto e precisa adquirir uma solução de embalagens industriais para ele, tem motivos para disparar um processo de compra. É um evento de compra definido (necessidade, urgência e orçamento). O processo de compra envolverá avaliações de produtos e fornecedores, decisões (escolha) de produtos e fornecedores, aprovações (de acordo com a verba disponível para o projeto) e a utilização da solução industrial adquirida para produzir o novo produto.

Com os exemplos mencionados, queremos demonstrar que os processos de decisão de compra obedeceram à mesma estrutura; o evento de compra foi definido, foram feitas avaliações, tomadas decisões, feita a aprovação e a utilização do que foi adquirido. Portanto, o processo de compra pode ser considerado genérico e comum em todas as decisões de compra. Porém, existem algumas diferenças importantes relacionadas a critérios, papéis exercidos e valores considerados nos dois exemplos.

Na primeira situação, uma única pessoa exerceu todos os papéis de compra. Ela avaliou, decidiu, aprovou e utilizou o que foi comprado. Poderia acontecer de a roupa ter sido um presente. Então o usuário seria o presenteado. Ou quem pagou pelo presente ser uma terceira pessoa, portanto o aprovador seria esta pessoa. Ou ainda quem escolheu a roupa ser alguém de bom gosto, reconhecido (*expert* em moda), logo, seria ele o decisor. Os papéis de compra precisam existir no processo, mas podem ser exercidos por pessoas ou entidades diferentes e é possível o acúmulo de papéis. No segundo exemplo, da empresa de laticínios, o responsável pela avaliação das alternativas (avaliador) poderia ser o diretor de operações de manufatura e, pela escolha da melhor alternativa (decisor), o diretor financeiro. A aprovação final dependeria do vice-presidente (aprovador). Cada processo de compra tem seus papéis formais e suas particularidades.

Uma consideração importante: todos os papéis têm poderes, dependendo da situação e das particularidades da organização. Por exemplo, o filho de quatro anos de uma família, que é simplesmente o usuário de um automóvel que está para ser comprado, pode influenciar fortemente o pai (aprovador) a adquirir o veículo da sua preferência, vencendo a escolha da mãe (avaliador/decisor). Do mesmo modo, o diretor de uma empresa, envolvido em uma decisão de compra como avaliador, pode usar todo o seu poder e influência na organização para que seja escolhido um determinado produto ou fornecedor. Existem papéis formais e informais em processos de compra. Os informais dependem do poder e da influência exercida pelas pessoas ou entidades no processo de compra. Pode acontecer da decisão ser tomada pela influência de alguém que não exerceu um papel formal no processo.

Portanto, para o êxito das vendas é preciso identificar cada um dos papéis de compra e o poder e influência de cada indivíduo ou entidade que exercem esses papéis. É algo extremamente valioso, porém não é simples nem fácil.

Em vendas pessoais é relativamente simples identificar os papéis formais e informais da compra. Porém, nas vendas corporativas, em que os papéis podem estar distribuídos entre várias pessoas e o poder e as influências são amplos e variados, mapear o processo de decisão de compra é um grande desafio para vendedores, mesmo os mais experientes.

Um detalhe importantíssimo: que valores serão levados em consideração pelas pessoas quando exercerem seus papéis de compra?

Os valores são variados e específicos. Um avaliador vai julgar as alternativas por critérios técnicos, optando por aquela que oferecer melhor capacidade técnica (valor do produto), avaliando também as características e especificações do produto/serviço (motor mais potente, modularidade da solução, facilidade de operação, desempenho). Já um outro avaliador poderá levar em conta os critérios financeiros. Indicará a solução mais barata ou a de melhor custo-benefício. A sua consideração é totalmente financeira. Os valores estão presentes em todos os papéis de compra. Como decisor, alguém pode escolher levando em conta critérios pessoais, que deverão ajudá-lo na busca por poder e influência dentro da organização. O reconhecimento, recompensas, prêmios e ascensão profissional poderão ser os elementos motivadores. Portanto, a sua decisão será pelo produto ou fornecedor que ajudará a conquistar os seus objetivos pessoais.

Ainda existe um outro valor considerado quando se exerce papéis de compra. Os valores de relação fazem com que um avaliador, decisor, aprovador ou até mesmo usuário julgue as alternativas de compra em função das suas relações passadas com produtos, fornecedores e seus representantes. Todos já ouvimos frases como: "uso os produtos da marca XYZ e nunca tive arrependimento ou decepções". ou "confio plenamente no Silva da XYZ, ele nunca deixou de nos atender". Temos que considerar que uma pessoa pode levar em conta mais de um valor para a sua escolha, porém sempre haverá a predominância de um deles.

Resumindo, os critérios ou valores que são considerados no exercício de papéis de compra são: valores técnicos, financeiros, pessoais e de relação. São eles que determinam a avaliação, decisão, aprovação e utilização do que será comprado.

Entender as particularidades do processo de compra, tanto para vendas individuais quanto para as corporativas, é fator crítico de sucesso para as funções de vendas.

Entender os fatores que influenciam as decisões de compra ajuda no desenvolvimento das estratégias de criação de valor (abordagem de vendas) e das atividades de vendas (ações táticas).

Compreender os valores que norteiam as decisões, usando este conhecimento como ferramenta de vendas, ajuda a transformar oportunidades de vendas em negócios importantes e lucrativos.

Estilos de compra

Jackson (1985) desenvolveu uma ferramenta que permite, de modo simples e eficaz, entender as influências dos valores e percepções dos compradores corporativos para desenvolver estratégias de vendas efetivas. Vemos na figura 1 um espectro onde, na extremidade esquerda estão situados os compradores cujo estilo de compra é chamado de transação e à direita estão os de estilo de compra de relação, com posições ou fases intermediárias entre os dois extremos. O nome desta ferramenta é espectro de comportamento da compra. Ela permite identificar as tendências e entender o que leva um comprador para uma ou outra extremidade. A facilidade ou dificuldade de trocar de fornecedor/produto leva o comprador a se posicionar (percepção de valores) no espectro. Se for fácil trocar de fornecedor/produto, os compradores tendem a comprar usando o estilo de compra de transação e consideram valores específicos do estilo. Se, ao contrário, for difícil trocar de fornecedor/produto, os compradores tendem a usar outros valores, específicos do estilo de compra de relação.

Figura 1
ESPECTRO DE COMPORTAMENTO DA COMPRA

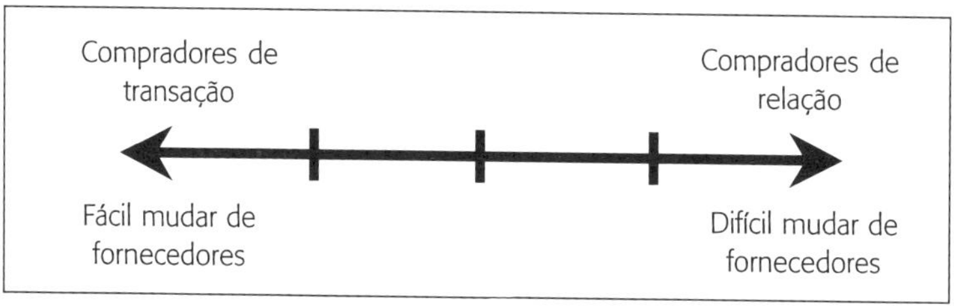

As características da compra

Se um comprador vai fazer uma compra separada de um produto ou produtos isolados ou distintos, com a expectativa de utilizar por curto prazo, com baixo risco de decisão (financeiro e pessoal) e com outras alternativas disponíveis, portanto, fácil trocar de produto ou fornecedor, ele deverá assumir um estilo de compra de transação. Por outro lado, se a compra é ou faz parte de um sistema, cuja expectativa de utilização é de longo prazo, a decisão representa um alto risco (financeiro e pessoal) e exige uma grande dependência do fornecedor, ele tende a assumir o estilo de compra de relação. As exigências e a percepção de valores são diferentes em ambas as extremidades do espectro.

O compromisso com ofertas de transação exige muito pouca ou nenhuma fidelização do comprador. Já as ofertas de relação são o contrário, demandam alta fidelização ou grande dependência do comprador.

O que interessa aos compradores

Em geral, todo comprador é norteado para pagar o menor preço e obter o maior prazo para pagamento, porém a percepção de valor e exigência dos estilos de compra são diferentes. Os compradores de transação buscam sua satisfação com a compra em estímulos e valores imediatos. Preocupam-se com as características e particularidades do produto/serviço. O preço a ser pago é prioridade de decisão. Buscam sempre o menor preço e também facilidades de pagamento. O prazo de entrega é fundamental para a sua decisão. Os valores prioritários são, portanto, produto, preço e prazo. É isto que eles procuram e é o que é importante e crítico para a sua decisão de compra. Os compradores de relação vão valorizar a capacidade do fornecedor de prestar orientações técnicas para garantir a entrega, instalação e utilização do que comprarão; exigem que a organização fornecedora esteja preocupada com o futuro, oferecendo boas estratégias de marketing e produtos para garantir a sua sobrevivência; querem um fornecedor confiável, previsível, com credibilidade e reputação comprovadas para garantir uma relação duradoura. Em suma, os compradores de relação não compram produtos, compram a capacidade do fornecedor. Os seus valores são orientação técnica, estratégias de marketing e produtos, estabilidade e previsibilidade do fornecedor. É bom enfatizar que os valores relacionados a produto, preço e prazo, prioridades dos compradores de transação, também são importantes para os de relação, só que não são decisivos. Eles precisam, antes de tudo, certificar o fornecedor, para depois, sim, considerar produto, preço e prazo.

Figura 2
O ESPECTRO DE COMPORTAMENTO DE COMPRA: O QUE INTERESSA AOS COMPRADORES

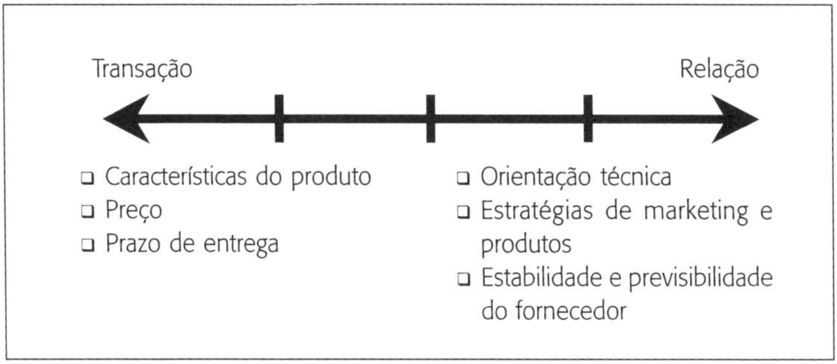

Quando consideramos a importância da compreensão e entendimento dos estilos de compra, estamos buscando alcançar o que chamamos de adequação de vendas, que significa que a nossa oferta e estratégia de criação de valor correspondem ao estilo de compra do nosso cliente. É neste momento que acontecem as vendas. Compreender os estilos de compra dos nossos clientes e sermos capazes de influenciá-los é o caminho para obter a adequação de vendas.

Para compradores de transação, ofertas de transação e uma abordagem de vendas adequada; para compradores de relação, ofertas de relação e abordagem de vendas de relação. Até aí, temos adequação. Mas, se a nossa oferta for de transação e o estilo do comprador for de relação e seja impossível transformá-la para relação? Ou vice-versa? Precisamos influenciar, tentando mudar a sua percepção de valores e o seu estilo de compra para o que nos é favorável. Deste modo, conseguimos a adequação de vendas. A oferta, a abordagem e o estilo de compra estarão alinhados.

Influenciando os estilos de compra

Vimos que para conseguir a adequação precisamos ter a oferta e a abordagem de vendas adequadas ao estilo de compra do nosso cliente. Ora, se o seu estilo é basicamente influenciado pela facilidade ou dificuldade de troca de fornecedor, a razão para que isso aconteça é a consideração pelo comprador de dois fatores importantes: os custos de troca (mudança) e os benefícios de sistemas (fornecedor). Custo de troca é o preço que ele vai pagar para trocar de produto/fornecedor. É preço porque a troca pode envolver valores financeiros tangíveis e intangíveis. Será necessário identificar esses valores. Do mesmo modo, os benefícios de sistemas são as vantagens que o comprador obtém de um fornecedor. Envolvem também valores tangíveis e intangíveis. Identificar os benefícios de sistemas atuais e potenciais é muito importante para conseguir mover o comprador para o estilo de compra que desejamos. Por exemplo, se desejamos que um comprador com tendências ao estilo de relação mova-se para o de transação, no qual conseguiremos a adequação de vendas, é preciso minimizar os custos de troca e os benefícios de sistemas atuais. Um exemplo poderia ser isentar as primeiras mensalidades ou adquirir, como forma de pagamento, os produtos que desejamos substituir (*trade-in*). Dessa forma, reduzimos as suas despesas com a decisão de troca (custos de troca). Um outro exemplo, poderia ser o compromisso de manter os privilégios dados ao cliente pelo atual fornecedor como a prioridade no atendimento ou garantias de reposição. Redução de carências, pagamento de multas contratuais, aquisição de equipamentos ou softwares antigos, entre outros, são exemplos de tentativas de minimizar custos de troca e benefícios de sistemas largamente utilizados no mercado competitivo em que vivemos.

Se a nossa oferta é de relação e desejamos que o comprador faça o movimento inverso, ou seja, saia de transação para relação, temos que maximizar os custos de troca e os benefícios de sistemas, fazendo com que a sua decisão de compra seja de alto risco e sujeita a grandes perdas financeiras, corporativas e pessoais. Assim, tentamos fazer com que ele considere valores de relação para tomar a decisão de compra. Precisamos adequar o estilo de compra do nosso cliente antes de utilizar a nossa abordagem de venda. Assim, garantimos a sua efetividade, investimos melhor os nossos recursos de vendas e reduzimos a tensão do processo de compra.

As estratégias de diferenciação

As compras de transação representam a maioria absoluta do volume de vendas no mundo dos negócios. Porém, a pequena parte das compras de relação representa, financeiramente, uma significativa e importante fatia de vendas que muito interessa aos fornecedores atuais. São vendas de altos valores e excelente lucratividade que, muitas vezes, representam a maior parte do negócio de empresas fornecedoras de produtos e serviços.

Os compradores de transação são tão importantes quanto os de relação, logo, são alvos constantes dos fornecedores de ofertas de transação. O grande desafio das funções de marketing e vendas é encontrar diferenciais competitivos, reconhecidos pelos compradores, que não residam em reduzir ou facilitar o preço. Diferenciais que movam o comprador de transação da exigência de preço para valor, fazendo com que ele esteja disposto a pagar um preço maior por algo que valoriza a nossa oferta. Para isso, é preciso criatividade e precisão.

A precisão é conseguida com o desenvolvimento de ofertas destinadas a compradores específicos. É necessário entender a percepção de valores dos compradores através do seu estilo de compra e as particularidades de como ele vai utilizar a nossa oferta. Só assim conseguiremos desenvolver diferenciais competitivos importantes e efetivos.

Uma diferenciação bem-sucedida é aquela composta de quatro características fundamentais: exclusividade, valor, lucratividade e sustentabilidade.

Conseguimos exclusividade quando agregamos às nossas ofertas algo que os concorrentes não possuem. É exclusivo. Único.

Para conseguirmos que o comprador perceba o valor, é necessário que ele reconheça e valorize a exclusividade e esteja disposto a pagar por ela, mudando a sua percepção de preço para valor.

Quando criamos exclusividade na nossa oferta, normalmente acrescentamos custos adicionais. A lucratividade é obtida quando o preço mais alto compensa os custos, portanto, a venda é lucrativa.

A sustentabilidade é a capacidade de manter a diferenciação durante um período de tempo suficiente para trazer lucro significativo. Normalmente, os concorrentes copiam os nossos diferenciais com uma rapidez incrível e vice-versa.

As funções de vendas são capazes de desenvolver e oferecer importantes diferenciais competitivos, já que conhecem as particularidades dos compradores, o que permite personalizar a oferta, valorizando-a. Porém, pouco se utiliza dessa potencialidade, pois vendas fica aguardando marketing criar diferenciais competitivos. Isto tem custado muito para várias empresas fornecedoras.

Hoje, a área que mais oferece oportunidades de desenvolver estratégias de diferenciação é a de serviços. O relacionamento dos compradores com fornecedores no momento em que eles procuram, compram, usam e se desfazem de produtos e serviços é algo extremamente valorizado e decisivo no momento da compra.

3 Administração de vendas

Um dos maiores desafios dos executivos de vendas é administrar o tempo e os recursos para conseguir os resultados desejados. A seguir, apresentamos um modelo de administração de vendas lógico e abrangente, que permitirá uma atuação efetiva e precisa no exercício da função de gerenciamento de vendas. Chamamos a atenção para o fato de que não é o único modelo, mas um modelo que é derivado de adaptações e experiências bem-sucedidas, tanto para ofertas individuais quanto para ofertas corporativas.

O modelo da figura 3 é constituído por cinco dimensões e seus respectivos componentes. As dimensões e componentes interagem e criam a dinâmica do modelo. Os componentes de cada uma das dimensões precisam ser adequados ao ambiente específico de vendas para que sejam efetivos.

As dimensões são: estrutura, sistemas, estratégias, tecnologia de informação, práticas gerenciais.

Figura 3

O MODELO DE GERENCIAMENTO DE VENDAS

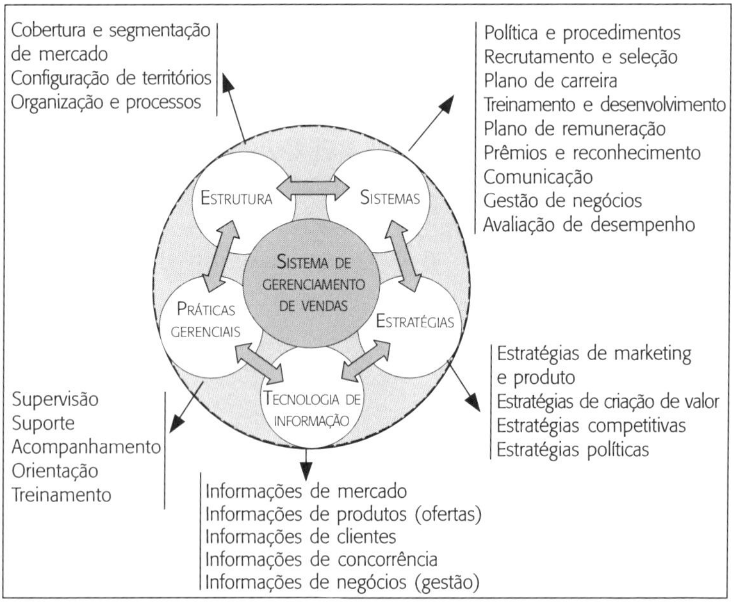

A estrutura

A estrutura refere-se a formatos ou configurações de áreas básicas e críticas para a atuação de vendas. Constituem a dimensão da estrutura os componentes que descreveremos a seguir:

- cobertura e segmentação de mercado — representa uma estrutura escolhida para atingir os compradores potenciais, levando-se em conta suas particularidades e similaridades. Este componente tem por objetivo estar o mais próximo possível dos compradores em todas as etapas da venda. É necessário avaliar e decidir em função dos objetivos comerciais, particularidades e recursos, um modelo de cobertura e, se necessário, um tipo de segmentação de clientes adequado, levando-se em conta os aspectos geográficos relacionados à localização dos compradores potenciais e atuais. As cidades, estados, bairros e situações de concentração dos compradores e a capacidade de atingi-los influenciam no desenho da cobertura. Muitas ofertas são específicas e especializadas, muitos compradores têm particularidades nos seus processos de compra e na utilização do que vai ser comprado/vendido. Isto pode exigir uma segmentação específica, ou seja, reunir semelhanças e particularidades em grupos de compradores. Por exemplo, governo e empresas privadas, pequenas e médias empresas, residências, indústria e comércio, indivíduos ou corporações. Uma boa segmentação de clientes permite potencializar a utilização dos recursos de vendas, focar e personalizar a atuação de vendas;

- configuração de territórios de vendas — para conseguir tornar a cobertura e a segmentação efetivas, é necessário ter uma configuração de territórios de vendas adequada. Isso permitirá identificar o tamanho, o tipo e o perfil da sua força de vendas. Para vender e manter um tipo de comprador com um processo de compra complexo devemos saber que tipo de organização será capaz de atendê-lo, os territórios de vendas, quantos clientes por vendedor, o perfil do vendedor, a quantidade de vendedores necessária, se diretos ou representantes comerciais, quantos supervisores e gerentes, as competências exigidas, as atividades de vendas necessárias para fazer com que o processo de vendas seja efetivo, o suporte para vendas, a cadeia de valores para suportar os tipos de venda e de comprador, as funções e as responsabilidades de cada componente da cadeia de valores e como funcionará, além da comunicação, subordinação e coordenação. Tudo isso envolve os componentes de organização e processo da dimensão da estrutura do modelo apresentado, comprovando, como citamos, a importância da interação entre as dimensões e componentes do nosso modelo. Resumindo, a dimensão estrutura do modelo de sistema de gerenciamento de vendas apresentado é a arquitetura utilizada para termos a capacidade de chegar aos compradores e administrar o seu processo de compra de forma efetiva e favorável. Cabe citar que as tecnologias de informática, telecomunicações e transporte favorecem as estruturas comerciais, aumentando seu alcance e abrangência com poucos investimentos. Exemplos disso são as negociações cada vez mais freqüentes feitas através de internet, telefonia e as configurações de territórios virtuais;

- organização e processos — para suportar as atividades de vendas de acordo com a cobertura e segmentação pretendidas é necessário organizar, determinando funções e responsabilidades, estabelecendo interações e subordinações entre as funções e disponibilizando tecnologias, recursos materiais e humanos para garantir a operação comercial. Devem ser previstos processos internos, como ligações entre as funções e atividades de vendas, que suportarão a atuação da força de vendas. Esses processos devem contemplar o planejamento, execução e monitoração do desempenho das funções de vendas, o que muitas vezes não acontece, fazendo as empresas desperdiçarem tempo e recursos preciosos.

Os sistemas

A segunda dimensão do modelo refere-se a processos de informações que atendam às demandas e à dinâmica da venda. Esses processos são desenvolvidos e implementados com o propósito de garantir a funcionalidade e a efetividade da força de vendas. Os seus componentes genéricos são:

- políticas e procedimentos — referem-se ao estabelecimento da forma de atuação da força de vendas. É necessário orientar, com instruções bem claras e definidas, a atuação das diversas funções de vendas, definindo papéis e responsabilidades para garantir e nortear um bom desempenho. Muitas organizações de vendas, por não terem políticas e procedimentos definidos e divulgados, enfrentam graves problemas de vendas, pois as pessoas, por não terem orientações claras, escolhem a sua forma de atuar, que nem sempre é adequada e efetiva. Aspectos de procedimentos éticos, comerciais e pessoais também devem fazer parte deste componente;
- comunicação — é necessário desenvolver e manter um sistema de comunicação freqüente e atualizado com a força de vendas. As informações que constituem este componente são aquelas que têm impacto direto sobre o desempenho das funções de vendas. Informação a tempo sobre novos produtos e preços, promoção, formas de comercialização, estratégias de marketing e vendas, estoque disponível e procedimentos recentes é fundamental para a atuação efetiva da força de vendas. Um sistema efetivo de comunicação com a força de vendas representa vantagem competitiva para a organização da empresa;
- treinamento e desenvolvimento — cada função de vendas exige conhecimentos e habilidades específicas para o desempenho pleno da sua atividade. É preciso identificar as necessidades de treinamento e desenvolvimento de cada uma das funções ou cargos de vendas, desenvolver e disponibilizar programas e atividades de treinamento para a aquisição, manutenção e aperfeiçoamento de competência de vendas. Muitos dos problemas de desempenho de vendas estão relacionados à falta de conhecimentos e habilidades básicas e essenciais de vendas;

- plano de remuneração — é um dos pontos principais da administração de vendas, pois não é fácil nem simples desenhar um sistema de remuneração atraente para as funções de vendas e eficaz para as organizações. É sabido que vendedores precisam de estímulos fortes para desempenhar a sua função, logo, a remuneração inadequada é o motivo principal de problemas de desempenho em vendas e fracos resultados. O ideal é que o salário dos vendedores tenha uma parte fixa suficiente para atrair e reter e outra variável, para estimular o desempenho. Um bom sistema de remuneração deve ser flexível na parte variável, contemplando a venda de produtos que a empresa tem interesse em vender em determinado momento. Dependendo da oferta, outras funções de vendas da pré ou pós-venda são incluídas no sistema de remuneração variável, como técnicos que ajudam a determinar as necessidades do comprador e instaladores. O sistema de remuneração deve considerar o envolvimento de todas as funções ligadas direta ou indiretamente à venda e remunerá-las;
- prêmios e reconhecimento — as funções de vendas são muito sensíveis a estímulos, além da remuneração ou comissionamento. Ter um sistema de premiação e reconhecimento adequado e atraente traz sempre bons resultados. Isto deve ser muito bem administrado pelos gestores de vendas, para aproveitar a potencialidade do sistema de prêmios e reconhecimento. Não são poucas as empresas que divulgam, colocando retratos de seus campeões, e reconhecem os seus melhores vendedores. Prêmios e reconhecimento fazem parte da cultura e do ambiente de vendas. Os gestores de vendas que sabem aproveitar bem a premiação e o reconhecimento conseguem o comprometimento e motivação de suas equipes. É um investimento que tem retorno significativo;
- gestão de negócios — é necessário ter um sistema que permita acompanhar os resultados das atividades realizadas pelas

funções de vendas. Ele deve ser desenhado de acordo com o processo de tomada de decisão dos clientes/compradores e o processo de vendas do produto ou serviço. O primeiro desafio deste componente é entender como os seus compradores tomam decisões e que atividades da força de vendas deve desenvolver para ajudar a acelerá-las. O sistema desenhado deve prever as atividades que serão desenvolvidas pela força de vendas, desde a identificação do cliente, passando pela compreensão de suas necessidades e a venda de benefícios, até a avaliação de sua satisfação. Assim será possível prever, realizar e acompanhar os resultados das ações realizadas. Algumas ofertas passam por processos de compras simples e rápidos; outras passam por processos complexos e demorados. É preciso identificar as etapas desses processos para desenvolver um sistema de gestão de negócios eficaz. A força de vendas precisa ser informada sobre o sistema e entender claramente o que deve ser feito para conseguir vender. A determinação do processo de venda é a base para a administração efetiva de vendas. Hoje, tecnologias permitem a implementação de sistemas de gestão de negócios abrangentes e confiáveis usando microinformática e telecomunicações. Alguns softwares ajudam na visibilidade, consolidação e acompanhamento de resultados de negócios integrado a programas de CRMs (*customer relationship management*)[10] (Stone, 2001), utilizados por empresas de todos os portes;

- avaliação de desempenho — recrutar, selecionar, contratar, treinar e manter vendedores envolve, normalmente, um alto

---

[10] CRM (*customer relationship management*) também é conhecido como marketing de relacionamento e tem como direção aprender e implementar as melhores práticas de gestão de clientes, bem como os sistemas que permitam tal implementação. Gordon (1992) complementa esta definição indicando que marketing de relacionamento é o processo contínuo de identificação e criação de valores com clientes individuais e o compartilhamento de seus benefícios durante uma vida toda de parceria.

investimento e de grande risco. Tomar decisões nessas áreas é sempre difícil porque, em geral, são baseadas em fatores empíricos, subjetivos e experienciais. Um sistema de avaliação de desempenho objetivo e claro ajuda a tomar decisões mais precisas e confiáveis. Normalmente, empresas adotam sistemas de avaliações de desempenho para todos os funcionários, com o objetivo de premiações periódicas em função de resultados empresariais. Perdem, assim, a funcionalidade do instrumento. Para vendas, como para outras áreas, a avaliação de desempenho deve ser constante e dinâmica, permitindo identificar imediatamente discrepâncias de desempenho e suas causas com base num modelo efetivo, como aquele que contempla as competências exigidas dos diversos cargos e funções de vendas, e os resultados práticos obtidos, pelos indivíduos, no desempenho delas em determinado período. Partindo-se de um modelo de papel como padrão desejado, determinando as competências exigidas, é possível comparar os perfis atuais e identificar o que será preciso fazer para chegar ao padrão ideal. É claro que competências devem estar relacionadas a resultados esperados.

Os gestores de vendas precisam ter padrões de desempenho desejado como métricas e processos de acompanhamento para gerenciar com efetividade seus subordinados e tomar decisões acertadas. Uma organização de vendas que não tem um sistema de avaliação de desempenho confiável e implementado, perde na qualidade de suas decisões gerenciais e no retorno de seus investimentos na força de vendas.

A dimensão de sistemas do modelo de administração de vendas tem utilizado, com muita freqüência e eficácia, as novas tecnologias e plataformas de redes corporativas e acesso remoto — internet, intranet e correio eletrônico — para a implementação de suas soluções.

As estratégias

Esta dimensão do modelo orienta a atuação de vendas, indicando a direção para a qual devem ser dirigidos os esforços e o gerenciamento das ações táticas. Portanto, orientam a força de vendas.

Considerando os vários tipos de estratégias comerciais, é nesta dimensão que elas são transformadas em resultados de negócio. Assim, temos a seguir orientações importantes:

- estratégias de marketing e produtos — devem ser informadas para a força de vendas de maneira clara e adequada, através de sistemas de comunicações de vendas que permitam manter as funções de vendas informadas e comprometidas com o desenvolvimento das estratégias. É muito comum encontrar organizações de vendas que não têm idéia da existência de estratégias corporativas para aquele segmento ou produto. As áreas de marketing corporativo muitas vezes fracassam em suas estratégias porque vendas não tomou conhecimento delas e, portanto, não participou da sua implementação. Outras vezes, estratégias de produtos foram iniciadas ou modificadas sem comunicação à operação comercial. Os gestores de vendas têm de estar atentos às novidades e às mudanças de estratégias de marketing e produtos para preparar o seu pessoal para as mudanças. Essas estratégias que, normalmente, não são desenvolvidas em vendas e sim em marketing, são essenciais para os resultados comerciais e dependem da atuação eficaz da força de vendas;
- estratégias de criação de valor — também chamadas de abordagem de vendas. As ofertas possuem valores agregados que precisam ser comunicados aos compradores com o objetivo de que sejam valorizados. O sucesso de vendas depende da

efetividade dessa comunicação, pois as funções de vendas precisam conhecer os valores que devem ser comunicados e reforçados para os clientes. Os vendedores precisam ter a capacidade de convencer os clientes de que a nossa oferta é a melhor alternativa, encontrando a melhor abordagem de vendas, mais adequada, eficaz e convincente. Identificar os valores, comunicar e avaliar a aceitação é uma fórmula simples e lógica, porém a sua importância é muito pouco considerada pelos gestores de vendas. É de vital importância para o êxito das vendas ter e utilizar as estratégias de criação de valor eficazes, avaliando, constantemente, o uso delas pela força de vendas;

- estratégias competitivas — os mercados, com raríssimas exceções, estão cada vez mais competitivos, com muitas alternativas de ofertas e fornecedores, pressão por baixar custo, pouca ou nenhuma diferença significativa e um nível cada vez mais alto de exigência dos compradores. Enfrentar fortes concorrentes é hoje uma situação normal. Por isso é necessário conhecer os pontos fortes e fracos dos concorrentes e estabelecer estratégias competitivas para combatê-los, especialmente durante as oportunidades de vendas, pois o comprador é o juiz desse confronto.
- estratégias políticas — cada vez mais as organizações de vendas estão convencidas de que o relacionamento com os clientes é uma poderosa vantagem competitiva, e estão investindo muito para conseguir isso. Esta estratégia visa conquistar e manter alinhamento político com os compradores para conquistar negócios. Não basta ter ofertas interessantes; é preciso ter os clientes usando sua influência e poder na organização para escolhê-lo como fornecedor. As estratégias políticas de uma organização de

vendas devem orientar a força de vendas para conseguir e manter relacionamentos com pessoas-chave na organização dos clientes. Isto deve ser divulgado e valorizado pelos gestores de vendas.

Neste ponto da descrição do modelo de administração de vendas, podemos constatar a necessidade de interação entre dimensões e componentes. Por exemplo, para se obter os resultados esperados da dimensão *estratégias*, será necessário contar com sistemas efetivos de treinamento e desenvolvimento. Para a criação e implementação de estratégias vencedoras, é preciso ter informações sobre os clientes e concorrentes. Isso tudo será possível na dimensão de *tecnologia de informação*. Enfatizamos que, para o modelo apresentado ser utilizado plenamente, têm que ser consideradas a interação e a dinâmica das suas dimensões e componentes.

A tecnologia de informação

É a quarta dimensão do modelo. Ela dá suporte à administração de vendas. Sem informações disponíveis, pertinentes e atualizadas, as outras dimensões perdem a eficácia. A tecnologia de informação (TI) cada vez mais ganha importância no mundo dos negócios. Hoje, muitas empresas tratam essa dimensão como área funcional. Com muitos recursos, profissionais especializados nas diretorias e gerências de TI ajudam a desenvolver e melhorar os processos de negócio internos e externos de suas empresas.

Para a administração de vendas, a TI desempenha um papel fundamental. Cada vez mais, vendas depende dela para conseguir resultados. As informações necessárias sobre o ambiente comercial podem ser divididas em grupos que veremos a seguir:

- informações de mercado — são aquelas relacionadas ao segmento em que atuamos, como tendências, tecnologias utilizadas e novas, fatores críticos de sucesso, investimentos, regulamentação, liderança, novos entrantes e concorrência. Devem estar sempre disponíveis e atualizadas, para termos uma visão do ambiente competitivo que nos aguarda;
- informações de clientes — precisamos conhecer cada vez mais os nossos clientes. Não só a sua localização, mas as suas particularidades, seu perfil pessoal ou corporativo, o seu processo de tomada de decisão de compra, os critérios principais de compra, hábitos, possíveis aplicações para o que estamos vendendo, as oportunidades potenciais, os problemas, as necessidades presentes e futuras, a satisfação atual, a capacidade financeira, enfim todos os aspectos relacionados com a sua decisão de compra. Quando a nossa oferta é simples de comprar e utilizar, a quantidade de informações que necessitamos sobre o comprador é menor do que quando vendemos algo complexo, cujo processo de vendas envolve vários contatos e o risco da decisão de compra é alto. O conhecimento do cliente é uma importante vantagem competitiva. O desafio para os administradores de vendas é identificar quais as informações que permitirão este conhecimento;
- informações sobre produtos — uma das competências mais básicas e essenciais de vendas é o conhecimento do produto que se vende. Com a velocidade das mudanças, algumas vezes a força de vendas não tem capacidade de assimilar as informações sobre novos produtos ou modificações em produtos comercializados, o que acarreta um impacto negativo muito grande nas vendas. O conhecimento profundo da oferta (produtos ou serviço) para enriquecer e tornar a comunicação de vendas eficaz é algo decisivo no ambiente competitivo de

vendas. Ministrar treinamento sobre o produto é uma das alternativas para desenvolver esse conhecimento. Também é necessário disponibilizar informações estruturadas e atualizadas sobre as características e benefícios potenciais de todas as ofertas comercializadas para que a força de vendas as utilize na venda. Os gestores de vendas devem estar sempre desenvolvendo e disponibilizando essas informações para seus subordinados. As tecnologias permitem o acesso fácil e rápido às informações. Portanto, encontrar soluções nessa área é questão de criatividade e disponibilidade de orçamento;

- informações sobre concorrentes — é necessário reunir e analisar informações sobre a atuação comercial de fornecedores que oferecem algo similar ou igual ao que oferecemos. São dados como estrutura, organização, detalhes sobre produtos ou serviços ofertados, preços praticados, estratégias de comercialização, abordagem de vendas, tipo de relacionamento com clientes, pontos fortes e fracos, tendências e prioridades, perfil de vendedores e padrão de atuação. As informações devem ser disponibilizadas para a força de vendas, que ajudará a escolher e implementar as estratégias competitivas.

O grande desafio para os administradores de vendas nesta dimensão é identificar as informações adequadas, mais relevantes e úteis, e os processos que devem ser utilizados para disponibilizá-las.

As práticas gerenciais

É a dimensão de operacionalização do modelo, a dinâmica resultante da atuação gerencial. É onde as coisas acontecem ou fazemos acontecer. O papel dos gerentes e supervisores de vendas é o ponto crítico. Dizemos que esta dimensão é a humana. É nela que os gestores garantem que o que foi planejado será ou está sendo realizado, ou pelo menos tentado.

As práticas gerenciais envolvem a supervisão de pessoas e a avaliação de resultados e desempenhos. Supervisionar as atividades de colaboradores nas suas rotinas significa acompanhar a dinâmica do trabalho para verificar se os procedimentos, sistemas e orientações estão sendo utilizados e se os resultados estão sendo alcançados, além de interferir eficazmente quando necessário.

Se considerarmos que os problemas de desempenho da força de vendas se devem a falhas na execução das tarefas ou na falta de conhecimento, os gestores deverão ser capazes de identificar as verdadeiras causas com mais precisão, pois as soluções exigidas são de características diferentes.

As práticas gerenciais envolvem ainda suporte, acompanhamento, orientação e treinamento para eliminar e contornar possíveis obstáculos, ajudando a força de vendas a superá-los. Para tanto, é necessário participar, ouvir os colaboradores, tomar conhecimento dos acontecimentos e implicações, esclarecer dúvidas, reformular pontos de vista e pedir atitudes. Além da administração do desempenho dos subordinados, os gestores devem ser capazes de recrutar e selecionar vendedores, formando equipes de alta performance, que é sempre um fator crítico de sucesso para os administradores de vendas.

Os gestores precisam conhecer bem todas as dimensões e particularidades da administração de vendas, para que possam aproveitar totalmente a sua potencialidade. O resultado da eficácia gerencial depende muito deste fator.

4

Sistemas de informação de vendas: automação da força de vendas

Em um restaurante de Campo Grande (MS), o garçom faz o pedido do cliente usando um *palmtop*. O mesmo processo permite encerrar a conta e emitir a nota fiscal. Em Ribeirão Preto (SP), o representante de vendas de uma grande cervejaria, antes de visitar o seu cliente, tem informações sobre as suas últimas compras e, quando está diante dele, faz o pedido usando o seu *palmtop*. O vendedor de uma empresa de telefonia celular consulta a sua programação de visitas usando o seu aparelho celular. O mesmo pode ser feito pelo seu supervisor, o que lhe permite acompanhar o trabalho da sua equipe de vendas. Um vendedor de planos de saúde recebe uma mensagem no seu celular sobre um pedido de visita de um de seus clientes. Pela internet, um comprador tem informações sobre as alternativas de vôos, decide e compra a sua passagem sem a emissão do bilhete físico tradicional, embarca e viaja sem problemas.

Cada vez mais, a disponibilização de informações para vendas está presente no mundo dos negócios. É uma tendência e certamente uma prioridade para muitas empresas a automação de informações de vendas. Os bancos, por exemplo, estão cada vez mais simplificando processos comerciais através das novas tecnologias. Lembra como era complicado obter um empréstimo bancário? Hoje conseguimos fazer isso sem precisar ir à agência do banco. Alguns usam o atendimento automatizado para todas as opções de transações possíveis, o que permite ao cliente ter o mesmo relacionamento que teria em uma agência com funcionários.

As tecnologias atuais de microinformática, telecomunicações e internet disponibilizam a implementação de soluções que facilitam a vida de vendedores e compradores, melhorando a satisfação e garantindo relacionamentos comerciais produtivos.

As informações são vitais para vendas. São tão importantes que representam uma dimensão da função de vendas. Um grande desafio para os profissionais de marketing e vendas é como gerenciá-las de forma efetiva e lucrativa.

Informações para vendas

É sabido que, para ter êxito comercial, necessitamos administrar informações sobre o mercado em que atuamos, clientes e compradores, as nossas ofertas e as de nossos concorrentes, os processos e atividades de vendas e seus resultados. Em suma, é um universo infinito e dinâmico, no qual o domínio sobre ele representa a possibilidade de poderosas e sustentáveis vantagens competitivas. Porter (1992) fala sobre as potencialidades dos elos nas cadeias de valores de fornecedores e compradores para obter diferenciação. Segundo ele o ponto-chave é entender as ligações (troca de informações) entre as atividades de negócio internas (fluxo do produto e atividades de apoio) e externas (fornecedores, canais e clientes), para encontrar oportunidades de diferenciações. Muitas empresas chamam o gerenciamento destas informações de mapeamento territorial.

Considerando que a potencialidade da força de vendas está no gerenciamento de processos e pessoas para conseguir vendas ou negócios, a sua efetividade depende de como são utilizadas e disponibilizadas as informações de vendas. O objetivo é conseguir interfaces simples e rápidas com o comprador, de modo que delas saiam vendas lucrativas. Logo, quanto mais próximo o fornecedor estiver do comprador, maior será a possibilidade de fazer vendas. Não é à toa que existe banco 30 horas, 0800 disponível 24 horas, sete dias por semana, 365 dias por ano.

Um ponto importante quanto à administração das informações de vendas está relacionado ao modo como o comprador as utiliza no desenvolvimento do seu processo de compra.

Essa compreensão pode ser conseguida utilizando um modelo desenvolvido por Blake Ives & Gerald Learmonth, do Dartmouth College — EUA. O nome original da ferramenta é *Customer in Action* (CIA) ou Cliente em Ação (CEA). Nela é possível mapear o comprador como um sistema de uso, indicando a seqüência e a inter-relação entre as etapas e atividades envolvidas com a sua decisão de compra, como vemos no quadro 1.

Quadro 1

MODELO CLIENTE EM AÇÃO

Procura	Compra	Usa	Desfaz
❑ Determina as suas necessidades ❑ Decide características que o produto deve ter ❑ Escolhe o produto/fornecedor ❑ Justifica a compra	❑ Escolhe o produto/fornecedor ❑ Faz o pedido ❑ Paga pelo produto/fornecedor ❑ Recebe o produto	❑ Verifica se o pedido está correto ❑ Verifica a qualidade ❑ Utiliza o produto/serviço adquirido ❑ Modifica ou adapta para necessidades específicas ❑ Aperfeiçoa ou valoriza o produto ❑ Faz a manutenção do produto	❑ Decide substituir ou atualizar o produto/serviço ❑ Descarta o produto/serviço através de descarte ou reciclagem ❑ Passa adiante o produto/serviço para o próximo cliente/comprador

O modelo Cliente em Ação (CEA) pode ser usado para descobrir e entender as necessidades do cliente à medida que elas se alteram, desde o momento da compra até o descarte do produto. Embora a importância de cada etapa dependa do produto e da sua utilização, o entendimento total das necessidades do cliente pode ajudar a melhorar a adequação da oferta a estas necessidades através do fornecimento de informações de vendas.

Uma empresa comercial que disponibiliza, na sua página na internet, informações sobre os seus produtos para que os compradores possam comparar as especificações deles com as suas necessidades, está tentando se diferenciar, fornecendo informações de vendas no estágio de "procura" do modelo do CEA.

Uma outra que oferece informações sobre a sua forma de pagamento facilitada e especial, está atuando no estágio de "compra", favorecendo a decisão de fazer o pedido.

Quando uma empresa ministra treinamento para os seus clientes sobre como utilizar melhor os seus produtos, está dando informações de vendas no estágio do "usa".

A organização de vendas que comunica aos clientes que adquire o produto antigo como parte do pagamento de um novo, está tentando a diferenciação no estágio do "desfaz", facilitando o descarte.

Os exemplos mostram como é efetivo e produtivo utilizar as informações de vendas para conseguir diferenciações importantes e valorizadas. As informações de vendas têm caráter e propósitos diferentes e específicos. Mostramos como elas são utilizadas para se obter negócios. Classificamos este tipo de informações estratégicas ou comerciais, que nos ajudam a obter vendas, impactando no nosso resultado comercial. Existe outro tipo, que classificamos de informações táticas ou operacionais. Estas estão relacionadas à dinâmica e ao funcionamento dos processos e atividades internas do negócio. Logo, as informações comerciais buscam aumentar receitas, fazendo vendas e mantendo negócios, e as informações operacionais melhorar os processos comerciais, ou seja, aumentar a produtividade organizacional.

Nos exemplos do início do capítulo, o garçom que utilizou o seu *palmtop* para fazer o pedido do cliente, usou uma solução de automação de informações operacionais, agilizando o estágio de "compra" através de um aperfeiçoamento da ligação entre a venda (atendimento) e a operação de produção (cozinha). O objetivo é melhorar os processos internos aumentando a produtividade organizacional.

Já no exemplo do cliente que comprou a sua passagem pela internet, foram utilizadas informações estratégicas que facilitaram a decisão de compra através de uma solução de automação ligando o marketing e vendas da empresa aérea e os estágios de "procura" e "compra" do cliente. Isso, certamente, representou em ambos os casos uma diferenciação importante, valorizada pelo comprador. A solução aumentou a capacidade de vendas.

Em um universo cada vez maior de informações para entidades vendedoras e compradoras é necessário identificar com precisão a informação que irá contribuir para o processo de compra ou para o aumento da produtividade organizacional.

Automatizando informações comerciais

Aumentar a participação de mercado é prioridade de todas as organizações de vendas. Empregar bem a força de vendas, potencializando as suas capacidades, é objetivo comum para os profissionais de marketing e vendas. A automação das informações comerciais é um caminho para conseguir êxito.

As tecnologias hoje disponíveis oferecem infinitas possibilidades de desenvolver estratégias de marketing e vendas baseadas em informações estratégicas ou táticas.

A seguir, discutiremos as principais tecnologias disponíveis para o desenvolvimento de soluções de gerenciamento de informações.

A internet

A internet é uma das principais tecnologias para o uso de informações comerciais. Uma via acessível e abrangente, flexível e dinâmica, de baixo custo e alto apelo, interativa e versátil, que oferece possibilidades de utilização variada e ampla. Apesar da decepção mundial com o seu *boom*, não se pode negar a sua importância para o mundo dos negócios. Muitas organizações de vendas têm uma parte significativa do seu faturamento conseguida pela internet. Órgãos governamentais como a Receita Federal, o Detran, o INSS e outros têm tirado proveito das potencialidades do meio.

Muitas empresas estão com os seus processos de negócio integrados pela internet com CRMs, ERP, PRMs, *e-business*, *e-commerce* e *business intelligence*. Cada vez mais empresas de desenvolvimento de soluções de automação de informações surgem no mercado para competir com as de grande reputação como a SAP, Oracle, Datasul, Microsoft e outras.

A internet permite desenvolver soluções comerciais que utilizam dados, voz e imagem de uma forma interativa. Portanto, a possibilidade de influenciar a decisão dos compradores é muito grande, principalmente aqueles que estão na fase do desconhecimento, conhecimento, consideração e escolha. Além disso, a internet permite uma ampla integração com outras tecnologias como telefonia fixa, celular, rádio, microinformática (*laptops* e *palmtops*), *wireless* (infravermelho e *blue tooth*) e gráfica, aumentando consideravelmente as suas possibilidades.

A telefonia fixa

É uma tecnologia largamente empregada em ações de automação comercial. A grande capacidade de tráfego e os custos competitivos são muito atraentes. Tanto que são comuns soluções que utilizam linhas telefônicas 0800, 0500 ou 0300 combinadas com respostas pré-programadas para ajudar compradores a adquirir produtos e serviços, receber assistência técnica ou orientações de fornecedores, buscando uma interface rápida e confiável. O telemarketing receptivo (televendas e teleatendimento) utiliza a telefonia fixa com muita freqüência em suas soluções de automação de informações de vendas. A potencialidade é aumentada com a possibilidade de integração com outras tecnologias como a internet e a telefonia móvel.

A telefonia móvel

A telefonia móvel oferece inúmeras possibilidades de utilização por vendas, pelo seu alcance e mobilidade. E também interação através de voz e dados. O acesso fácil a mensagens de texto (SMS) e a internet móvel representam excelentes oportunidades de soluções de automação de informações de vendas, podendo também adicionar imagens ou gráficos. Uma outra potencialidade da tecnologia de telefonia móvel em algumas plataformas é a possibilidade de localização do usuário do aparelho. Por exemplo, um comprador entra em um *shopping center* e, imediatamente, recebe uma mensagem informando sobre a promoção de uma loja do local. Um supervisor de vendas consegue localizar exatamente onde está um de seus vendedores naquele momento. Uma cooperativa de táxis faz o mesmo para identificar qual de seus carros está mais próximo do cliente que solicitou o serviço. É bem verdade que as aplicações dessa medida estão sendo discutidas para que sejam estabelecidos limites e regras. São infinitas as possibilidades de aplicações utilizando esta tecnologia.

A microinformática

Com processadores cada vez menores e mais velozes, programas e aplicativos poderosos e amigáveis, a microinformática oferece infinitas possibilidades para o desenvolvimento de soluções de automação de informações de vendas, principalmente para informações táticas ou operacionais.

Com o advento dos *palms* e *laptops*, com sua portabilidade e conectividade, organizações de vendas estão empregando largamente a microinformática, combinada com o acesso através de telefonia fixa, móvel e *wireless*. Supermercados, bancos, empresas aéreas e até mesmo pequenos negócios, como restaurantes, lojas e serviços, estão utilizando soluções de automação de vendas que foram desenvolvidas especificamente para o seu negócio. É uma grande vantagem dessa tecnologia: a versatilidade para adaptações ou personalização. E, é claro, com custos bastante atraentes.

É importante quanto ao uso das tecnologias para o desenvolvimento de soluções de automação de vendas, não só escolher a melhor combinação, mas ter criatividade para criar soluções eficazes e, lógico, disponibilidade orçamentária.

Muitas empresas gastaram verdadeiras fortunas em soluções de automação que não funcionam como gostariam.

O gerenciamento de informações sobre atividades de vendas

O aumento da produtividade por meio da atuação eficaz dos vendedores é um fator crítico de sucesso genérico para as empresas comerciais. O gerenciamento das ações empreendidas pelos vendedores é importante tanto para os profissionais de marketing e vendas, quanto para os próprios vendedores. Identificar o porquê de estar dando certo ou errado é vital para melhorar ou corrigir o desempenho. Isto ganha mais importância quando se trata de vendas ativas, ou seja, aquelas em que os vendedores tomam a iniciativa de procurar compradores.

As vendas receptivas, aquelas em que o comprador procura o fornecedor em suas instalações preparadas para isso, são mais simples de ser mapeadas, pois o ciclo de compra é mais rápido e imediato. O comprador entra em uma loja, é recebido pelo vendedor que identifica o que ele está procurando; o vendedor apresenta o produto na tentativa de convencer o comprador; se for bem-sucedido, faz a venda. São vendas tipicamente de transação. Um sistema que permita quantificar os compradores que entraram na loja e as vendas que foram convertidas por vendedor (padrão de desempenho), já ajuda no gerenciamento de vendas. Porém, para vendas ativas, as coisas são mais complexas. Os vendedores ativos muitas vezes surpreendem o comprador no seu processo de tomada de decisão de compra, pois seus compradores poderão estar na fase do desconhecimento do ciclo de compra. Isso faz com que o esforço de venda seja maior.

Um modo confiável de gerenciar o desempenho de vendas por meio de informações deve começar com o tipo de venda que se pretende realizar, os esforços que devem ser feitos e o resultado final.

Uma quantidade de esforços com qualidade leva a um resultado. É preciso, portanto, avaliar o esforço e o resultado.

A base do mapeamento e análise deve ser o processo de venda exigido e adequado para o comprador tomar a decisão de compra. Para as ofertas de transação, o processo pode ser representado em três fases ou etapas, conforme representado na figura 4.

Figura 4

O PROCESSO DE VENDAS PARA CLIENTES DE TRANSAÇÃO

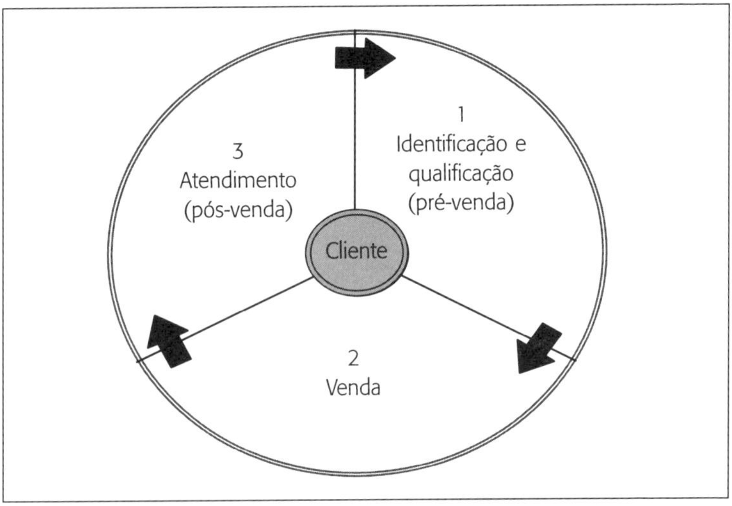

- Na fase 1 — identificação e qualificação — acontecem os esforços ou atividades desenvolvidos pelo vendedor para identificar compradores e qualificar as oportunidades de vendas.
- Na fase 2 — venda — identificada a oportunidade, os esforços e atividades devem ser empreendidos pelo vendedor para detectar as necessidades, demonstrar os benefícios e vantagens do seu produto ou serviço e buscar o compromisso de compra. É quando o vendedor verdadeiramente vende.
- Na fase 3 — atendimento — o vendedor, após a venda, acompanha o comprador para garantir a sua satisfação com a compra e tenta identificar novas necessidades para fazer novas vendas.

As fases são em função do momento em que o comprador se encontra no seu processo de tomada de decisão. Elas estão associadas também aos estágios de pré-venda, venda e pós-venda.

Como na venda pessoal as atividades de vendas envolvem contatos entre vendedores e compradores, é possível estabelecer padrões de desempenho medindo a quantidade e a qualidade desses contatos ou esforços. A quantidade em função do número de vezes que a atividade ocorreu e a qualidade como o resultado da efetividade da ação.

O processo de vendas para clientes de relação exige mais esforços e recursos, logo, ele tem mais etapas ou fases, como mostra a figura 5.

Figura 5

O PROCESSO DE VENDAS PARA CLIENTES DE RELAÇÃO

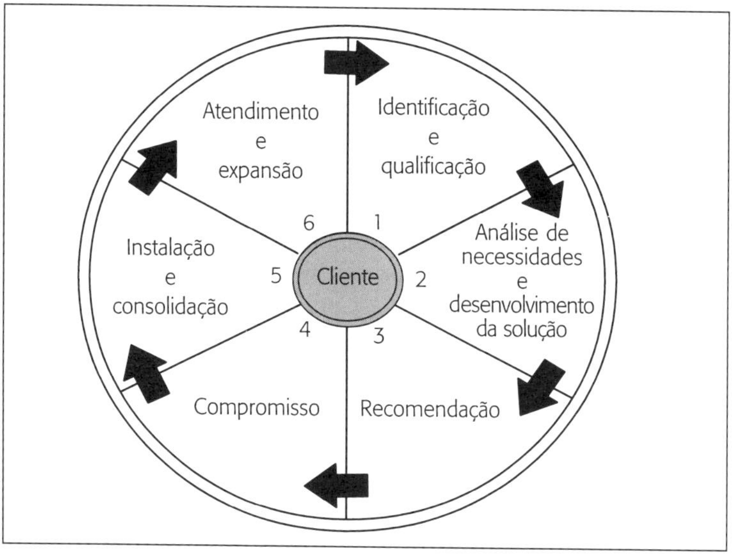

- Fase 1 — identificação e qualificação — identificar e qualificar uma oportunidade para uma venda de relação exige mais esforços do que uma venda de transação. Nesta fase estão estas atividades.
- Fase 2 — análise de necessidades e desenvolvimento da solução — entender as necessidades de um comprador de re-

lação e desenvolver uma solução adequada exige esforços de vendas específicos e intensos. As atividades relacionadas a este propósito estão nesta fase.

- Fase 3 — recomendação — antes de tomar a decisão final de compra, o comprador exigirá muitas e boas justificativas, pois a sua decisão é de alto risco. Nesta etapa estão os esforços do vendedor para certificar a sua oferta.
- Fase 4 — compromisso — são as atividades desenvolvidas para que o comprador assuma o compromisso formal de compra (pedido).
- Fase 5 — instalação e consolidação — esta etapa do processo contempla as atividades de vendas relacionadas à entrega do que foi adquirido.
- Fase 6 — atendimento e expansão — inclui as atividades de pós-venda para avaliar e garantir a satisfação do comprador e identificar novas oportunidades de negócio.

Para desenhar e implementar sistemas de informações de vendas para a gestão de negócios é necessário, primeiro, determinar o processo de vendas, as atividades de cada etapa e o que é preciso para passar à etapa seguinte. Depois, identificar as informações que determinarão a dinâmica do processo, para então escolher o aplicativo (software) que gerenciará as informações, e aí, finalmente, automatizar o sistema por meio de tecnologias disponíveis, permitindo o acesso para registro, armazenamento, recuperação e conectividade.

5

Estrutura, funções e territórios de vendas: uma visão estratégica

Vender não é um simples ato de tirar pedido. O pedido é apenas a materialização da função da venda dentro de um processo maior que é o processo de vendas.

De modo geral, o objetivo da venda é proporcionar a troca de propriedade de um bem de um vendedor para um comprador, desde que o bem atenda às necessidades ou desejos declarados do comprador. Em serviços, o objetivo da venda é possibilitar a solução de problemas, necessidades ou desejos, por meio de promessas que ocorrem durante as interações.

O processo da venda para bens tangíveis, de modo geral, ocorre por meio de 10 atividades que chamamos de funções de vendas: propriedade, posse física, informação, comunicação, negociação, pedido, risco, financiamento, transporte e pagamento, conforme indicado na figura 6.

As funções de vendas

Propriedade é a primeira função de vendas e é o direito exclusivo que uma pessoa física ou jurídica tem sobre determinado bem, podendo consumi-lo, aliená-lo ou transformá-lo (Sandroni, 1988). Em outras palavras, quem detém a propriedade de um bem faz o que desejar sem qualquer restrição.

Figura 6

AS FUNÇÕES DE VENDAS PARA BENS TANGÍVEIS

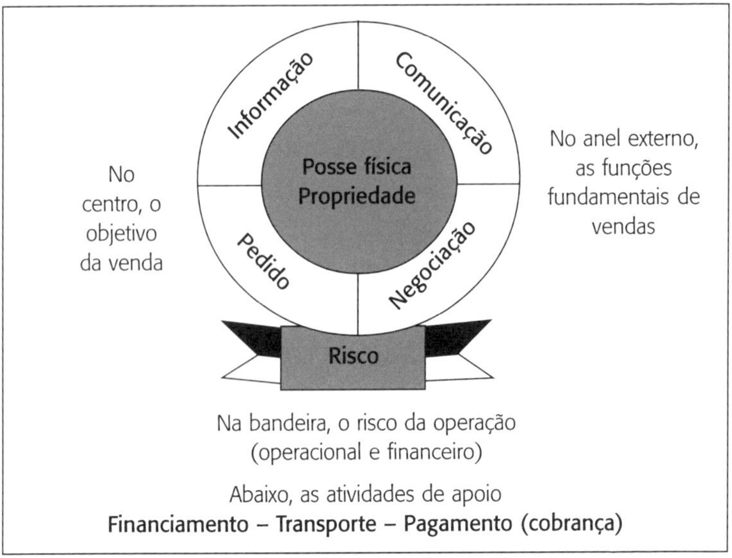

Um consumidor, por exemplo, poderá utilizar o produto da forma como melhor atender as suas necessidades ou desejos. Uma loja de varejo poderá revender como julgar ser a melhor forma, assim como uma empresa distribuidora. Por último, ainda temos a indústria, que poderá transformar o produto de sua propriedade para alcançar, a partir da transformação, um novo bem que irá ao encontro das necessidades do seu mercado.

De modo geral, a propriedade vem sempre acompanhada da *posse física*, a segunda função de vendas. Segundo Sandroni (1988), posse física é o poder material que uma pessoa tem sobre determinado bem, podendo utilizá-lo economicamente. É uma relação de fato e não de direito com o bem.

Na prática, fica mais fácil o entendimento de posse física quando olhamos uma condição comum de vendas praticada no mercado: vendas em consignação. O vendedor permite ao comprador ficar com a mercadoria até que aquele consiga revender o produto ou aja de acordo com os termos previamente acordados. A documentação nessa transação muitas vezes é aquela definida como de simples remessa, não havendo cobrança por esse ato. O comprador fica com a posse física e a propriedade permanece com o vendedor até quando houver interesse de ambas as partes, ocorrendo, a partir desse momento, a troca de propriedade, caracterizada por documento fiscal próprio ou por uma simples devolução do bem para o vendedor. Outro exemplo é a operação de *leasing*, uma operação onde a posse física é do usuário do bem e a propriedade da instituição financeira que participou com fundos para esse financiamento. Aqui, também, regras previamente acordadas vão determinar, ao final do contrato, se a propriedade passa para o usuário ou fica com a instituição financeira.

Na maioria das vezes as funções de posse física e propriedade ocorrem juntas. Além dos exemplos mencionados, podemos encontrar apenas a posse física quando o bem está sendo movimentado dentro da cadeia de suprimentos. Por exemplo, uma mercadoria em uma transportadora ou armazenador está temporariamente com esse agente facilitador. Nesse momento, ele detém a posse física e é responsável por esse bem; geralmente responde por possíveis danos.

Em serviços não há troca de propriedade e posse física. Mas é possível um paralelo entre estas duas funções com o conhecimento e o talento dos executores dos serviços. Quando um consumidor compra um serviço médico, está comprando o conhecimento e o talento que o médico tem em resolver um determinado problema. Quando um serviço de lavanderia é comprado, o que se compra é a capacidade que ela tem em deixar a roupa limpa.

Para viabilizar a troca de posse física e propriedade, ou a compra de conhecimento e talento, encontramos mais duas funções de vendas.

A *informação* é uma delas. A área de vendas, na empresa, é a que mantém contato direto com o mercado, base de sua função. Por ter contato com o mercado está mais exposta que as outras áreas da empresa, com a sua dinâmica. Pode perceber movimentos de consumo quando pensamos no consumidor final de um produto. Pode perceber atividades da concorrência. E pode sentir com rapidez o resultado de uma medida econômica do governo ou até mesmo resultante de uma ação mercadológica da empresa como, por exemplo, um esforço de comunicação propaganda. Não há área na empresa que tenha tanto acesso à informação de mercado quanto a área de vendas. Por isto, muitas vezes dizemos que o vendedor pratica funções de grande interesse para o marketing. Informação de mercado é a mola propulsora de toda a empresa. É com base nela que a empresa decide. Equipe de venda treinada e motivada pode ser o caminho mais curto, mais rápido e muitas vezes mais competente para se conhecer o mercado.

Se, de um lado, temos a informação como função de vendas, do outro temos também a *comunicação*. Informação vem do mercado para a empresa e comunicação vai da empresa para o mercado. O vendedor quando vai ao mercado em nome da empresa e promove a venda de um produto executa esta tarefa por meio dos argumentos de vendas, uma competente e dirigida forma de comunicação da empresa. Com certeza, é a atividade de comunicação mais presente no mercado. Até mais do que a comunicação propaganda, a mais comum. Apenas para pontuar, venda pessoal é uma das ferramentas do *mix* de comunicação. Além da venda pessoal, a empresa pode utilizar outras ferramentas como a propaganda, relações públicas, promoções de vendas e o *merchandising*.

Com base nas informações levantadas e nos argumentos utilizados é possível iniciar a *negociação*, uma outra função de vendas. Trata-se do processo de alcançar objetivos por meio de um acordo nas situações em que existam interesses comuns, complementares e opostos, ou seja, conflitos, divergências e antagonismos de interesses, idéias e posições (Wanderley, 1998). Encontramos negociação em muitos momentos do nosso dia-a-dia. Como função de vendas, negociação é a busca do melhor preço e outros termos da oferta comuns às duas partes, objetivando a transferência de propriedade de um bem ou até a execução de um serviço. O princípio da negociação em vendas é a exploração de pontos em comum entre as duas partes, nas quais existirá sempre um ponto mínimo e um ponto máximo aceitável relativo a preço e outras condições de vendas como prazo de pagamento e condições de entrega. A boa negociação ocorre quando as duas partes chegam a um acordo satisfatório para ambos os lados dentro de seus máximos desejáveis e mínimos aceitáveis.

O bom resultado de uma negociação em vendas é a aceitação da oferta, que é materializada no processo de vendas pelo *pedido*. Ele é, também, uma função de vendas e é a comunicação da intenção de compra ou prestação de serviço. Pode ser realizado diretamente pelo comprador para o vendedor (pedido pessoal), por telefone (telemarketing), por correio (resposta de mala direta) ou mesmo eletronicamente (internet). Qualquer que seja a forma, o pedido é o que vai dar início ao processo de troca de propriedade entre vendedores e compradores. Daí a sua importância. É um erro pensar que ao obter o pedido o processo da venda está encerrado. A área de vendas tem que trabalhar para garantir o sucesso da transação ocorrida. O ciclo do pedido só se encerrará por dois caminhos: pelo pagamento e melhor uso do produto pelo comprador nas vendas de transação ou então, no formato ideal, pela recompra do produto em face do seu bom uso e pagamento, um ciclo típico nas vendas de relação. Daí a necessidade constante das atividades de pós-compra (ou pós-venda).

O *risco* é a sétima função de vendas. A função de vendas é uma atividade que representa risco para a empresa e deve ser avaliada em duas dimensões: o risco operacional e o financeiro. Risco é o grau de dúvida existente na execução completa do ciclo da venda. O risco financeiro, por outro lado, diz respeito ao crédito financeiro dado para a compra do bem, mais evidente naquelas transações com pagamento a prazo. Para evitar o risco financeiro, a área de vendas deve estar sempre voltada para buscar as garantias necessárias à avaliação da capacidade do comprador em pagar aquilo que foi vendido. Essas garantias podem ser representadas por informações prévias de mercado ou garantias creditícias como avais e avalistas.

As funções de vendas até aqui relacionadas são aquelas consideradas funções diretas de vendas, porque são de total responsabilidade do vendedor, da equipe de vendas e do departamento de vendas. No entanto, mais três funções indiretas de vendas devem ser consideradas no processo da venda: financiamento, transporte e pagamento. A execução destas funções não é de responsabilidade da área de vendas, mas de outros departamentos ou de serviços terceirizados.

Financiamento é a alocação e a disponibilização de recursos necessários para financiar os níveis desejados de estoque pelo cliente ou para criar condições de compra por parte do consumidor final.

Transporte é a função que vai entregar o que foi vendido. A função de transporte é a busca da melhor forma de transportar a mercadoria ao cliente, considerando o tempo de entrega, os espaços disponíveis, os roteiros e os custos por meio dos modais de transporte (ferroviário, rodoviário, hidroviário, aéreo e dutoviário) e dos eletrônicos (internet, por exemplo).

A última função indireta de vendas é o pagamento, mais conhecido por cobrança. A função de *pagamento* é executada, na maioria das vezes, por meio de agentes financeiros. É o fechamento do ciclo de vendas e busca os meios mais eficazes para transferência de fundos do comprador para o vendedor, oriundo da troca de propriedade e outros serviços que compõem a oferta. Sem dúvida é a função objetivo da venda: receber por aquilo que vendeu.

Os tipos de vendas

Uma venda dentro da cadeia de suprimentos pode ocorrer de forma pessoal ou impessoal, como demonstrado na figura 7.

Figura 7
TIPOS DE VENDAS

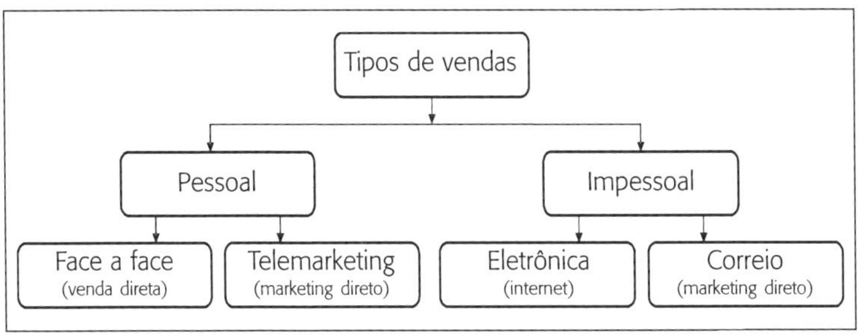

Venda pessoal

A venda pessoal é direta, com interação direta entre vendedor e comprador, na qual os dois lados podem ajustar a mensagem conforme *feedback* obtido de cada argumento utilizado. Dentro do *mix* de comunicação disponível para a empresa, a venda pessoal é a única ferramenta que permite interação e adaptação — o trato das objeções de vendas por parte do comprador, por exemplo. Por outro lado, o contato direto exige disponibilidade de tempo dos dois lados para o encontro. A venda pessoal pode ser face a face ou por meio de telemarketing.

Na venda face a face é possível uma melhor interpretação do andamento da visita de vendas por meio de sinais, não só de voz como também de atitudes do comprador, principalmente a linguagem corporal, permitindo uma maior criatividade e adaptação do processo de vendas. A venda face a face é recomendável quando o mercado estiver concentrado geograficamente em poucas indústrias, o produto representar alto valor unitário, uma natureza muito técnica, necessitar de demonstração, de adaptação, quando a venda representar um negócio cruzado (vender outros produtos ao mesmo cliente), ou, finalmente, quando o cliente necessitar de maiores informações sobre como o produto poderá atender às suas necessidades. A relação pessoal com o comprador, como conseqüência, implica um investimento de tempo maior que o telemarketing.

A venda pessoal pelo telemarketing é a feita por meio de equipamentos e sistemas de telecomunicação. Pode ser vista sob duas formas relativas à direção do fluxo da venda: pode ser ativa, quando a empresa vai até o cliente; e receptiva, quando o cliente procura a empresa após ter sido estimulado por algum outro meio.

A grande vantagem da venda pessoal pelo telemarketing é a diminuição do tempo entre uma visita e outra, resultando em alta capacidade de contatos em um determinado período. A conseqüência disso é a redução de custos pela facilidade em ir de um cliente para outro, pela objetividade da visita, pois não há tempo de espera e a visita de vendas é mais rápida, e pelo rateio dos custos fixos por um número maior de visitas de vendas.

O telemarketing eficaz está diretamente relacionado com uma boa seleção de operadores, um bom treinamento e principalmente um bom programa de incentivos. Uma operação de telemarketing ativo funciona sob pressão com a equipe, principalmente quanto ao número de contatos de vendas, daí a grande necessidade de atividades de incentivo à persistência.

Por outro lado, o tipo de atendimento pessoal vai perdendo efeito à medida que, no processo de atendimento, vão sendo incluídos sistemas de seleção automática dos serviços ao cliente, provocando um distanciamento do cliente para com a empresa. A decisão em colocar um sistema automatizado de atendimento está diretamente relacionada com o custo *versus* capacidade do cliente em entender a necessidade dessa forma de atendimento e ficar satisfeito. O telemarketing ativo pode ser utilizado em conjunto com a venda pessoal para gerar interesse na compra.

O uso de telemarketing é recomendável para produtos de vendas simples, para aqueles de recompra rotineira, para atender clientes que compram pouco por vez ou para a venda de algum tipo de serviço adicional de vendas, como assistência técnica, por exemplo.

Venda impessoal

A venda impessoal é a realizada sem a presença do vendedor e de um modo geral no sentido receptivo. O cliente é que entra em contato com a empresa para comprar. Sua grande vantagem é a capacidade numérica de atendimento dentro de um determinado período e a desvantagem é a impessoalidade da venda e também a não-interatividade, uma das principais características da venda pessoal. Pode ser eletrônica ou pelo correio.

Na venda impessoal eletrônica encontramos todas as vendas realizadas de forma automatizada, na maioria das vezes com o uso de sistemas eletrônicos. Sempre haverá um meio de comunicação, que pode ser uma linha telefônica, para os atendimentos guiados por digitação de números no teclado do aparelho de telefone, ou uma linha de transmissão de dados; muitas vezes, a própria linha telefônica serve para isto. Neste último caso, a internet é o meio mais presente e de menor custo por contato. Por sinal, o menor custo de todos os contatos de vendas.

O meio eletrônico traz como vantagem a alta capacidade de gerar contatos receptivos, oferecer comodidade para os dois lados, não ter restrição de horário[11] e local, possuir grande capacidade de conter informações que podem ser acessadas de diversas formas e permitir agilidade em acrescentar ou tirar produto, modificar condições de vendas e descrições dos produtos, atividades de fácil realização. O problema no uso do sistema eletrônico não está na venda e, sim, na velocidade da entrega, um problema ligado à logística. Clientes que compram com rapidez querem uma entrega na mesma velocidade. Outra desvantagem está na não-personalização do atendimento. A venda eletrônica é ideal para produtos que não necessitem de contato físico com o comprador — experimentação, por exemplo — e que tenham baixo valor de vendas, facilidade de transporte e pouca necessidade de apoio técnico para o seu uso.

A venda impessoal pelo correio é mais conhecida como venda de resposta direta, que tem como base uma oferta divulgada ao provável cliente por qualquer meio — correio, televisão, telemarketing — e a reação por meio de uma resposta enviada pelo correio. O resultado da venda de resposta direta

[11] É utilizada, inclusive, a expressão 24/7, que indica atendimento 24 horas por dia e 7 dias por semana.

depende de um bom estímulo, um material de comunicação que provoque a resposta. No caso de mala direta, dependerá de um bom *mailing*, ou seja, uma boa lista de pessoas ou empresas às quais a oferta é destinada, e de um bom material impresso. Destaca-se nesse tipo de venda a empresa Readers' Digest (revista *Seleções*).

A busca do melhor *mix* entre clientes, produtos e territórios

Limitações operacionais e financeiras são os principais impedimentos entre a empresa e os prováveis clientes ou consumidores de seus produtos.

Uma das funções do marketing é encontrar o tamanho ótimo de mercado para a empresa atender. Este assunto refere-se à segmentação de mercado. Após a definição dos segmentos de mercado, o próximo passo é definir como chegar até o mercado escolhido. Os esforços comerciais devem ser avaliados levando-se em consideração a maior satisfação possível do mercado com a melhor lucratividade para a empresa. O desafio para o marketing é encontrar como chegar a este mercado por meio do estudo dos canais de comercialização.[12] A opção assumida pela empresa deverá possibilitar a mais adequada forma de entender o mercado e atender às necessidades com o melhor controle possível dessas atividades.

Esta decisão estará diretamente ligada a duas variáveis importantes na definição do território: o desejo em controlar diretamente as atividades de vendas e o custo para alcançar este controle. Não há como escapar destas variáveis.

[12] Podem ser também identificados como canais de distribuição.

O ideal para qualquer sistema de vendas, é ter certeza de que as funções de vendas foram executadas em linha com as necessidades e os desejos do mercado-alvo principal, e que isso concorra para a relação lucrativa da empresa com o mercado.

Por estes dois ideais de vendas é que a gestão de vendas deve estar muito bem afinada com as decisões dos canais de distribuição. A escolha do tamanho do território de consumo do seu produto e de como a empresa vai chegar até lá trará como conseqüência a definição do seu formato de vendas. Estas decisões poderão estar ligadas a um canal de distribuição curto, em que a empresa leva diretamente seu produto o mais perto possível do consumidor, ou um canal de distribuição longo, onde a empresa leva seu produto ao consumidor através de mais intermediários.

Para o primeiro caso, ela terá que arcar com os custos de uma estrutura de vendas própria, onerando, como conseqüência, os custos de vendas. Em compensação, terá a possibilidade de administrar com maior eficiência os seus serviços, respondendo ao mercado mais próximo de suas exigências. Um canal de distribuição curto prevê no máximo um varejo entre o fabricante e o consumidor. Na hipótese de um canal longo, os serviços de vendas para chegar até o consumidor serão rateados com pelo menos mais um intermediário, um distribuidor, que tem como tarefa principal fazer contato de vendas com o mercado — com o varejo — em busca do pedido. Em compensação, quando o fabricante divide essa tarefa com um intermediário, repartindo com ele os custos de chegar até este mercado, ele está se distanciando do mercado usuário do seu produto, enfraquecendo as informações desse mercado e o controle das ações para chegar até lá. Em uma estratégia distributiva de canal curto, o tamanho da estrutura de vendas é sensivelmente maior do que na estratégia de canal longo, na qual as tarefas de visitação ao mercado serão realizadas pelo distribuidor.

O ideal para as empresas é estar o mais próximo possível do seu mercado consumidor — a busca por um melhor nível de informação e um maior controle da resposta ao mercado. Como isso não é possível para todo o mercado-alvo por questões de custo, a empresa busca aliar as duas alternativas: canal curto para grandes varejos, mais canal longo para pequenos e médios varejos.

Outro ponto a ser definido é a questão do tamanho do território a ser atendido, que estará diretamente ligado à capacidade da empresa em financiar essa atividade, ou até mesmo ao desejo de controlar ou não as atividades de vendas.

A questão de financiamento pode ser solucionada pela definição do tamanho do pedido a ser gerado pela equipe de vendas no mercado diretamente atendido. Este tamanho deve ser de tal valor monetário que pague os custos de toda a atividade de vendas: custos diretos e indiretos do vendedor mais os custos de suporte das atividades de vendas, e ainda os de supervisão e gerência de vendas.[13] Este custo tende a ser alto, o que, obrigatoriamente, faz com que o pedido do cliente tenha que representar também um valor monetário alto. Portanto, se a empresa dispõe de recursos financeiros ou o mercado que ela atende gera pedidos de valor suficiente para financiar a venda direta, a melhor opção será adotar a estratégia de canal curto.

A questão lucratividade do pedido está também relacionada com as variáveis do mercado atendido. Para um mercado grande, disperso e com baixa concentração por ponto de consumo, gerando pedidos pequenos, o formato deverá privilegiar um canal longo. Se, por outro lado, o mercado-alvo da

---

[13] Em linhas gerais, para chegar a este custo recomenda-se somar todos os custos de visitação com todos os custos de suporte e dividir este resultado pelo número de visitas positivas. O valor final deste cálculo será o custo de vendas de cada visita positiva que será debitada em cada pedido do cliente.

empresa está em uma única região com um número razoável de clientes e que cada um deles realize compras em volume e valor monetário superior, será possível à empresa atendê-lo diretamente.

Além das variáveis geográficas do mercado a ser atendido, será sempre necessário considerar outros aspectos do composto mercadológico que afetam o comprimento do canal. Por exemplo, para um canal curto, consideramos estes pontos:

- as variáveis do produto quanto à sua perecibilidade, necessidade de acompanhamento técnico de instalação, produtos sob medida e produtos no estágio da introdução;
- as variáveis do comportamento da compra quando o produto tem um alto significado da compra, quando muitos participam na decisão da compra e quando há grande necessidade de negociação;
- as variáveis da venda propriamente dita como a necessidade de instalações especiais, a alta especialização dos profissionais de vendas, a necessidade de tecnologia apoiando as vendas, um grande esforço pós-venda;
- as variáveis dos intermediários, principalmente quanto à existência e à quantidade de serviços a serem exigidos dele.

Após as considerações sobre o canal curto ou longo, a empresa deverá dividir o território a ser atendido em áreas. As referências para esta divisão podem considerar alguns caminhos como o critério geográfico, o critério por tipo de cliente ou até mesmo por produto. A decisão por cada um deles dependerá de fatores relativos aos produtos, sua natureza e tamanho de linha, das possíveis funções que os intermediários poderão realizar em nome da empresa, dos tipos de vendas empregados pela empresa, da diversidade dos segmentos atendidos, da atuação dos compradores e da situação e desempenho da concorrência. Cada um deles sempre levará em consideração a busca do melhor resultado aliado à melhor capacidade em controlar as suas atividades.

Divisão por território

Das três formas de dividir as áreas de vendas, a mais comum é a divisão por território ou geográfica. Seu fundamento está centrado na diminuição das distâncias e do tempo entre visitas, o que, geralmente, resulta em redução de custo. Por outro lado, com esse método é possível supor que o responsável pela região geográfica tem um maior conhecimento da área, podendo avaliar melhor sua potencialidade, sem dúvida um ótimo serviço de apoio às decisões de marketing.[14] A desvantagem dessa divisão é que o vendedor responsável deverá ser capaz de desempenhar bem todas as funções de vendas, com todos os produtos da empresa, para todos os clientes sob sua responsabilidade. Outra desvantagem é a possível liberdade do vendedor em escolher quais produtos e clientes serão destacados dos demais. Razões racionais misturam-se nesse momento com as emocionais.

Divisão por produtos

A divisão de um território por produtos considera a especialização dos serviços de vendas para determinados grupos de produtos, raramente por produtos individuais. Quando a linha de produtos da empresa é grande, variada ou tecnicamente complexa, ou quando o atendimento do vendedor deve ter um alto grau de conhecimento da aplicação individual do produto para

---

[14] Informação é uma das funções de vendas, como vimos.

atender às necessidades específicas do cliente, é recomendado aplicar esse tipo de divisão de área.

A especialização por produto faz com que a fase da pré-venda seja mais objetiva em face do alto grau de conhecimento das aplicações do produto e pela repetição e venda do produto a vários clientes. Esta é a vantagem desse caminho: maior experiência, conhecimento de aplicação, aumento de valor da oferta da empresa para o cliente. Como desvantagem, o custo em desenvolver e manter equipes de vendas especializadas, além das distâncias criadas entre cada visita. O resultado desse custo alto é a necessidade de uma demanda de mercado grande para fazer frente a uma relação lucrativa: empresa e satisfação do cliente.

Divisão por tipos de clientes

A última das três formas de dividir territórios é considerar regiões representadas por tipos de clientes, ou seja, criando áreas de especialização, por exemplo: agrupar por clientes varejistas ou por clientes distribuidores. Esse tipo de divisão é mais voltado ao conhecimento da atuação do cliente, permitindo à empresa fornecedora um poder de resposta mais apurado e, pelo maior conhecimento específico do segmento, o desenvolvimento de estratégias diferenciadas por cliente. Esse tipo de divisão requer como pré-requisito grandes clientes. Quanto maior for o cliente, maior será a possibilidade de ampliação de serviços caminhando para o conceito de *trade marketing*.[15]

---

[15] O objetivo do *trade marketing* é encontrar os meios para que os dois lados de um acordo de colaboração obtenham o máximo. O *trade marketing* propõe a criação de uma parceria de longo prazo entre produtores e distribuidores em áreas como trocas de informação, oferta de produto, a melhor movimentação e ações promocionais cooperativadas entre as partes. Abrange a constante busca de ações em conjunto de comunicação, logística e finanças.

Divisão por atendimento de conta

Um outro desenvolvimento da divisão por tipo de cliente é considerar o atendimento de contas de âmbito nacional. O atendimento desse tipo de conta exige sempre um processo de relacionamento mais complexo devido à abrangência territorial de sua localização. O atendimento de uma conta nacional tem áreas de desafio distintas: os pontos de compra podem ser espalhados em várias áreas do território nacional, podem ser representados por diferentes departamentos ou podem ter a relação comercial desenvolvida com unidades autônomas.

A decisão de qual produto levar para o mercado será tomada levando-se em consideração os hábitos e atitudes regionais cruzando com a potencialidade que cada região apresenta e a capacidade operacional e financeira para chegar até lá. Como vimos, um produto perecível vai necessitar de um ótimo controle da operação de venda e entrega. Se não houver intermediários especializados e confiáveis no seu trato mercadológico, a decisão deverá ser por um canal curto. Um canal curto poderá ter uma grande abrangência territorial desde que a empresa fabricante detenha uma grande capacidade financeira. Ao contrário, quando tem uma baixa disponibilidade de recursos para financiar essa venda, forçosamente vai operar em uma restrita região geográfica, um limitante de seu tamanho.

6

Onde ocorrem as vendas: o campo de trabalho

O quadro no qual vamos encontrar o processo da venda está nas relações entre empresas e entre empresas e consumidores, e é mais conhecido como cadeia de suprimentos. É o conjunto de empresas que, de uma forma ordenada, movimenta um produto em direção do consumidor final.

Dentro da cadeia de suprimentos, a relação de vendas entre as empresas é a que chamamos de relação com o cliente ou então relação B2B (*business-to-business* — empresa para empresa). Cliente é aquele que compra para revender ou industrializar. Por outro lado, a relação de vendas com o usuário final dessa cadeia, seja produto ou serviço, é a relação com o consumidor, também conhecida como B2C (*business-to-consumer* — empresa para consumidor).

Consumidor é o beneficiário final de um produto. Por sinal, o único beneficiário da promessa de um produto. É o único na cadeia de suprimentos que pode afirmar ter comprado determinado alimento pela satisfação proporcionada por seu sabor. Os outros membros (relação B2B) são beneficiários do lucro gerado pela revenda do valor adicionado na produção de um determinado bem.

Na figura 8 é possível identificar todas as relações possíveis dentro de uma cadeia de suprimentos. A venda de produto ocorre para quem consome, para quem revende e para quem industrializa. Já a venda de serviços ocorre tanto dentro da cadeia de suprimentos entre os membros da cadeia, com os serviços facilitadores da movimentação de produtos, quanto internamente, dentro das corporações com serviços destinados à sua administração, bem como a venda de serviços próprios para o consumidor final.

À direita da figura temos as relações de vendas de produtos entre as empresas e com o consumidor. À esquerda temos os agentes facilitadores dos fluxos dessa cadeia de suprimentos, sua relação com as empresas produtoras ou distribuidoras. Abaixo, à esquerda, os serviços destinados diretamente ao consumidor.

A venda ao consumidor final

O consumidor final é aquele que compra para seu próprio uso. Usamos a expressão final porque ele está no final da cadeia de suprimentos, que existe para atender o consumidor.

O consumidor final, em relação aos clientes da cadeia, é menos preso às regras, é mais impulsivo, em grande número, disperso, inconstante e movido por motivos individuais, o que torna a venda mais abrangente pela variabilidade de atuação no seu dia-a-dia.

Normalmente, as compras do consumidor estão em torno das seguintes motivações:

- compras por hábito ou impulso — aqui se enquadram produtos ou serviços sobre os quais o consumidor já tem algum

Figura 8

VENDAS NA CADEIA DE SUPRIMENTOS

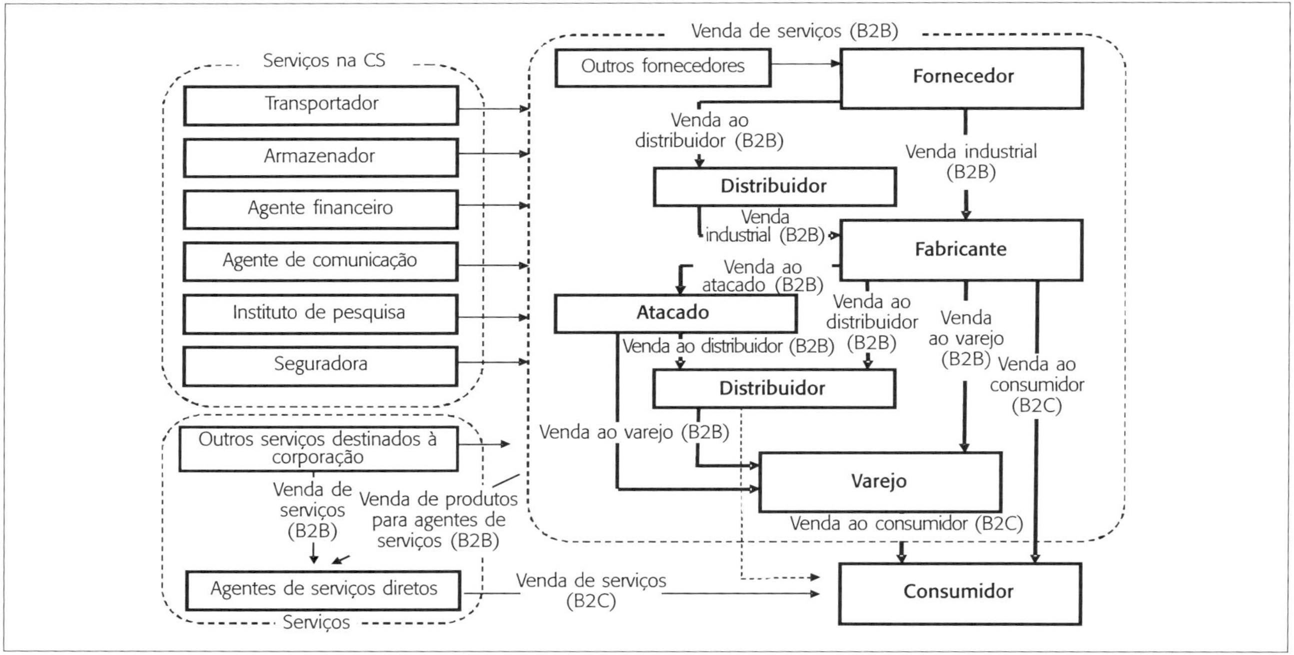

tipo de experiência anterior ou, então, aqueles produtos ou serviços que o consumidor foi estimulado por alguma atividade promocional — propaganda, promoções de vendas, *merchandising* ou venda pessoal — tomando a sua decisão de compra muitas vezes por impulso de momento. Os produtos que se enquadram aqui são alimentos, higiene e limpeza;

- compra por comparação ou reflexão — os produtos semiduráveis ou até mesmo alguns duráveis necessitam de uma maior atenção por parte do consumidor na hora da compra, muitas vezes buscando comparações entre marcas e tipos de produtos e serviços. Quanto aos produtos, enquadram-se aqui alguns acessórios para o mercado eletroeletrônico, a compra de um filme em DVD ou mesmo algum tipo de serviço como restaurante sofisticado, ou serviço de laboratório de análises clínicas;
- compra por referência ou parecer técnico — esta compra é a mais difícil para o consumidor, porque ele necessitará ter uma referência de quem já utilizou o produto ou serviço, ou então um parecer técnico para auxiliar na sua tomada de decisão. Enquadra-se na venda por referência ou com parecer técnico, principalmente, a venda de bens duráveis de maior preço e uma grande parte dos serviços.

A venda para quem revende

Quem compra para revender procura produtos que proporcionem maior lucratividade, contribuam para a construção de imagem de revenda e sejam promotores de vendas para produtos com menor franquia, atendendo aos pedidos retirados pelo varejo ou criando tráfego nas lojas varejistas.

Basicamente, um produto para revenda deve ter a capacidade de giro rápido,[16] fruto de sua boa aceitação no mercado.

[16] Entende-se por giro rápido o menor tempo possível entre a entrada de um produto no estoque e a sua saída pela revenda.

Giro rápido refere-se ao estoque medido pelo tempo e que representa a possibilidade de maior lucratividade pela rápida reposição de capital inicial, mais custos, mais lucro.

Enquadram-se nas vendas para quem revende as seguintes situações de venda ao varejo, ao atacado e ao distribuidor.

Venda ao varejo

Varejo é o último elo da cadeia de distribuição antes do consumo. É, portanto, quem tem contato direto com o consumidor, quem percebe melhor o consumidor, divide lotes maiores em lotes menores, mantém estoque e fornece serviços para garantir a posse e o bom uso do bem ou serviço. Em função disto, suas preocupações são entender as necessidades do consumidor e disponibilizá-las traduzidas em produtos e serviços.

A venda para o varejo deve ser centrada em dois pontos básicos: os produtos a serem vendidos devem atender à demanda interpretada pelo varejo e devem ser na quantidade desejada por ele. A venda ao varejo deverá ter volume adequado, considerando lotes econômicos, serviços de apoio a revenda — promoções de venda, *merchandising*, logística, comunicação — e os custos que possibilitem o financiamento de sua operação. Os varejistas esperam trabalhar com estoques no menor volume possível, além de serviços logísticos adequados de reposição da mercadoria.

Podemos encontrar dois grandes grupos de compradores de varejo: os que compram para operações de pequeno porte e os de grande porte.

Os compradores de varejo de pequeno porte, geralmente, são representados pelos proprietários (lembrar, portanto, que sua atividade não é só comprar). O relacionamento tende a ser menos formal, tanto na forma de abordagem quanto nos usos do argumento, o que obriga a um certo cuidado pela possível falta de regra e pela maior necessidade de uso de técnicas de um relacionamento próximo. O comprador de pequeno varejo utiliza muito mais a sua experiência para tomar a decisão de compras do que algum tipo de instrumento de suporte como a tecnologia da informação, por exemplo. Atende o vendedor ao mesmo tempo em que executa outras tarefas dentro de seu negócio e este atendimento não é em local reservado, dificultando a concentração, sendo constantemente interrompido para opinar ou decidir sobre outros assuntos de sua gestão. Gostam de comprar de especialistas setoriais — distribuidores do segmento de alimentos, por exemplo, no lugar de uma empresa fabricante de uma determinada linha de alimentos. Esperam ser atendidos em todas as suas solicitações, afinal são donos.

Os compradores de varejo de grande porte compram para uma cadeia de lojas e recebem a mercadoria em uma central de distribuição ou isoladamente em cada uma das lojas. Podem também ser responsáveis pela compra de uma única loja, o que é menos comum. Fazem parte de uma equipe e estão subordinados a regras rígidas. Usam uma grande quantidade de informações para tomada de decisão (programas de tecnologia da informação com base no desempenho do produto em ocasiões passadas, concorrência). Como representam um "grande comprador" utilizam constantemente este poder para influenciar a decisão. Por fim, são de difícil acesso e seguem regras rígidas de procedimento no relacionamento com fornecedores. Estabelecem, por isso, um relacionamento formal e distante. Fidelizam fornecedores mais por bons negócios do que por atitudes emocionais de relacionamento. São sensíveis a preço e sabem gerenciar o negócio de compras. Têm grande dificuldade em cumprir horários e preferência em comprar diretamente da fonte produtora.

São quatro as situações de compra de qualquer tipo de varejo:

- recompra de produtos rotineiros — produtos que fazem parte do *portfolio* de produtos já oferecidos a seus clientes, por exemplo, cimento para uma loja de material de construção ou cigarros para um bar. Neste caso, é baixo o nível de negociação. No pequeno varejo existe muita confiança no trabalho do vendedor. O maior problema nessa relação está quando da modificação nas regras comerciais ou introdução de modificações em produtos;
- compra de produtos sazonais — aqui as compras são intercaladas por grande espaço de tempo, perdendo as vantagens do conhecimento que as recompras de produtos rotineiros proporcionam. Não se enquadra aqui produto de moda, que tem tratamento à parte. São, geralmente, produtos alimentícios, de beleza ou dependentes de situações climáticas, como verão, por exemplo. Este tipo de compra é difícil, porque a situação passada não necessariamente se repetirá no futuro, daí as dúvidas. A única referência que o comprador pode utilizar são situações externas ao produto como as econômicas, que influenciam o poder de compra do consumidor. Ele não vê no vendedor um grande conselheiro. Sabe que a compra é única, que o período de consumo é curto e que o erro de uma má compra fica no varejo;
- compra de produto de moda — produto de moda é sempre uma nova experiência para o comprador. O suporte para essa compra está na moda que o comprador não gerencia, é externa ao seu negócio. Ele necessita de informações sobre o futuro e sua compra muitas vezes é realizada como compra de risco, apostando no resultado. Utiliza, portanto, *feeling*, além de possíveis outras experiências com outros produtos de moda. O relacionamento do comprador não

costuma ser íntimo. No pequeno varejo toma a atitude de seguidor mais do que precursor;

- compra de novos produtos — será sempre um problema para o comprador. Precisa de grande quantidade de informações de suporte, na maioria das vezes externa, para a tomada de decisão. Possivelmente, necessitará de algum tipo de experiência com o produto, cristalizado por compras consignadas. Para minimizar riscos, exige sempre ações de comunicação do fornecedor, como promoção de vendas e *merchandising* para resposta de curto prazo, e propaganda para construção de imagem do produto. É uma compra de risco, principalmente para o pequeno varejo, pelo seu baixo poder.

Venda ao atacado

A palavra atacado é, geralmente, utilizada para definir o membro do canal de distribuição que está entre o fabricante e o varejo. Nessa posição intermediária, serviços precisam ser executados tanto do ponto de vista do fabricante quanto do varejo. Ultimamente, o mercado brasileiro tem separado os grupos de atacados em dois tipos: os atacadistas que executam poucos serviços para suas interfaces e os distribuidores que realizam todas as tarefas necessárias para fazer os produtos e serviços andarem na direção do consumidor. O atacado, portanto, tem uma visão mais financeira do que mercadológica, prestando poucos serviços, já que não tem equipe de vendas e entrega. Para o mercado, apenas guarda o estoque por um determinado período, em busca somente do lucro dessa operação. Uma operação do atacado pode estar atrelada a uma operação de distribuidor, aí conhecido como atacadista distribuidor. A venda ao atacado é realizada quando o fabricante precisa fazer algum tipo de movimento da mercadoria, mas não encontra nos distribuidores para o varejo espaço para este objetivo. Esse movimento não privilegia a demanda. O objetivo é mais financeiro do que mercadológico.

Venda ao distribuidor

A função do distribuidor é realizar o que o fabricante não pode fazer diretamente no mercado. É, em outras palavras, a terceirização do departamento de vendas do fabricante. Sua função é fazer contatos de vendas em nome do fabricante, geralmente no varejo. Além disso, deve ter estoque de mercadoria do fabricante para atender aos pedidos gerados nesses contatos. Um produto, para ter sua venda por meio do distribuidor deve ser estabelecido, ter uma baixa perecibilidade, alta padronização, não requerer muito serviço de apoio à utilização, ter um mercado de grande consumo, disperso e com baixa densidade.

Por estarem em uma situação intermediária entre o fabricante e o varejo, as situações de compra seguem a mesma base estratégica das realizadas pelo varejo: recompra de produtos rotineiros, compra de produtos sazonais, compra de produtos de moda e compra de novos produtos.

Venda para quem industrializa

A venda para quem industrializa obedece a um procedimento voltado a atender um processo industrial. As primeiras constatações dizem respeito à análise da demanda industrial: ela é derivada da demanda do produto que irá compor, é inelástica, com pouca sensibilidade a preço, e é flutuante, pois anda num ritmo diferente daquele de consumo do produto a que se destina, não só no que diz respeito ao tempo, como também à capacidade de produção, estocagem e tipo de conservação do produto a que se destina.

Os compradores industriais, em geral, compram alto volume por vez e realizam poucas compras em um determinado espaço de tempo; procuram estabelecer um relacionamento estreito com seus fornecedores; têm maior concentração geográfica e esperam ser atendidos diretamente pelos fornecedores, sem intermediários. Os processos da compra têm participação maior do que a figura do comprador e seguem padrões rígidos, razão pela qual são altamente profissionais, bem treinados, seguindo políticas, exigências e restrições da empresa. São três as situações básicas de compra industrial:

- recompra direta — aqui estão os produtos com compras de forma rotineira e repetida para uso industrial ou de suprimentos em geral. Surge a presença marcante da troca eletrônica de dados (EDI), sistemas automatizados que auxiliam e abreviam o tempo da transação, além de criar maior segurança ao processo. A presença de vendas face a face é necessária para garantir o melhor uso do produto, auxiliar na melhoria dos serviços em torno de vendas, principalmente a logística, e garantir a evolução mútua. Essas atitudes são necessárias para dificultar a participação de novos fornecedores. A ênfase do processo de vendas deve estar no pós-venda;
- recompra modificada — ocorre quando as bases do negócio são modificadas, como especificações do produto, preço, condições e formas de entrega ou qualquer outro termo da venda que impossibilita o procedimento de recompra direta. Nessa ocasião aparecem maiores oportunidades para novos fornecedores, daí a necessidade da boa presença na recompra direta. Nesse momento também é maior a participação do comprador que vai negociar as novas bases. A ênfase deve estar na obtenção (compra) dentro do processo de vendas;

- compra nova — quando um produto ou serviço é comprado pela primeira vez, caracteriza-se como compra nova. Não há qualquer experiência anterior, o que obriga uma maior concentração na fase de pré-venda. Quanto maior for o risco dessa nova compra, maior será a necessidade em fornecer informações e o tempo do ciclo de vendas. Aqui, a oportunidade está aberta para todos os fornecedores — tradicionais e novos — e o comprador participa ativamente junto com a área técnica no processo de compra, para qualificação e aprovação do novo fornecedor ou produto a ser comprado. Aqui a ênfase do processo deve ser na pré-venda.

7

Relacionamento comercial: negociação ou vendas?

Uma das funções de vendas, como vimos, é a negociação. Wanderley (1998) define negociação como o processo de alcançar objetivos por meio de um acordo nas situações em que existam interesses comuns, complementares e opostos. Pressupõe por esta definição que dois lados se encontrem para estabelecer um ponto comum entre os interesses das duas partes, firmando um relacionamento.

Não existe uma empresa isolada no mercado, ela sempre dependerá de outra empresa para suprimentos ou como meio de fazer chegar seu produto até o consumidor. A moderna visão do estudo da empresa no mercado procura explorar a interdependência dessa empresa dentro de um cenário maior conhecido como cadeia de suprimentos. Pela definição de cadeia de suprimentos vamos encontrar, obrigatoriamente, uma forte relação da empresa com os aspectos de relacionamento de mercado: é o conjunto de empresas que contribuem para disponibilizar um produto para o consumidor final. A palavra contribuição contida nesta definição quer dizer que duas empresas procuram estabelecer juntas algum tipo de interesse em comum a partir de um relacionamento. Podemos dizer que cadeia de suprimentos nada mais é do que uma cadeia de relacionamentos, exatamente pela interdependência e necessidade de interação existente entre as empresas, isto é, dentro da cadeia de suprimentos temos o fluxo de relacionamento entre seus participantes, formando então a cadeia de relacionamentos, como mostrado na figura 9.

Figura 9

CADEIA DE RELACIONAMENTOS

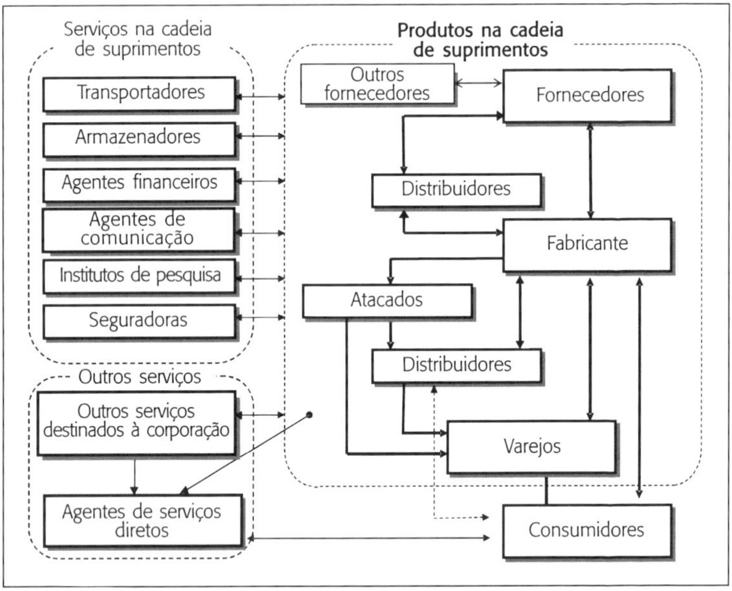

O produto, matéria-prima até o fabricante e produto pronto para consumo após o fabricante, vai recebendo valor enquanto caminha em direção ao consumidor. Ao passar de um participante para outro dessa cadeia, vai ganhando interesses específicos e relativos ao desempenho e rentabilidade. Quando chega ao consumidor, deverá atender às suas necessidades. A cada passagem de um membro para outro exige a interação com interesses específicos, daí a necessidade da negociação.

Não há negociação sem relacionamento, principalmente em vendas. O objetivo é a troca de propriedade de um bem ou serviço entre duas empresas, ou entre empresa e consumidor. Para alcançar este objetivo, a base é o conhecimento entre as partes. Por que uma empresa depende da outra e que valor o produto ganha quando passa de um membro da cadeia de suprimentos para o outro? Negociação, portanto, pressupõe conhecimento. O maior ou menor conhecimento entre as partes é conseguido pelo grau de relacionamento. É através desse relacionamento que serão criadas as condições para a troca de confiança que termina com o fechamento da venda.

A presença mais evidente ou não de negociação em vendas se dará pelo tipo de produto ou serviço que está sendo ofertado, assim como pela estratégia de vendas definida pela empresa. Por exemplo, quanto maior for a necessidade de adaptação do produto aos desejos específicos do comprador, maior será a necessidade de negociação. Quanto maior o grau de poder do lado do comprador, maior a flexibilidade por parte do vendedor. Flexibilidade é um dos fatores importantes para uma boa negociação. Na venda sob pressão, a negociação será bem menor em função da baixa flexibilidade própria da agressividade do vendedor. Esta atitude do vendedor torna a venda praticamente unidirecional, cuja forma de condução é falar, falar e falar e muito pouco escutar, processo fundamental da negociação, que dá à outra parte oportunidade para expressar necessidades.

Uma boa negociação depende de um bom planejamento. Quanto maior for o tempo investido na preparação da negociação, menor será o tempo de negociação, dada a objetividade da abordagem. O resultado deste procedimento tenderá sempre a ser maior.

Finalmente, podemos dizer que, quanto maior for a intensidade de negociação, maior deverá ser o esforço de relacionamento. Em vendas sob pressão, menor será o grau de relacionamento. Em venda personalizada, que necessita maior adaptação, a necessidade de relacionamento será maior, porque só a partir daí haverá entendimento mútuo. Assim, podemos dizer que venda é qualquer atividade comercial concretizada, e negociação é relacionamento, ou seja, a possibilidade de acordo.

A negociação por papel de compra

Para definir com quem será realizado o processo de negociação, é necessário entender os vários papéis de compra existentes no cliente ou consumidor e saber que eles podem, em alguns casos, ser desempenhados pela mesma pessoa.

O iniciador é aquele que recomenda uma compra a ser feita; o influenciador é quem tem poder e influência e, por essa posição, influencia os papéis de compra em todos os momentos da compra; o avaliador tem a responsabilidade de buscar e indicar as alternativas para a solução de compra; o decisor é aquele que tem o poder de decidir qual das alternativas deve ser adquirida; o papel de aprovador é de quem formaliza a decisão de compra e, finalmente, o usuário é quem utiliza o que foi comprado, sendo, geralmente, o beneficiário do produto ou serviço. Dependendo da situação de compra, é possível um mesmo papel ser exercido por várias pessoas, assim como o contrário, uma única pessoa poderá exercer mais de um papel no processo de compra. Para finalizar o conceito, as figuras do iniciador e do influenciador fazem parte da relação informal do processo de compra, enquanto a do avaliador, do decisor, do aprovador e do usuário estão mais estabelecidas formalmente na relação de compra,[17] como demonstrado no quadro 2.

[17] O assunto identificação dos papéis de compra foi tratado no capítulo 2.

Quadro 2

ATORES NO PROCESSO DE VENDA

Papéis de compra	Presença — Para manipulação	Para revenda	Para consumo
Iniciador	Pouco presente (depende do poder e da influência)	Pouco presente (depende do poder e da influência)	Pode exercer (depende do poder e da influência)
Influenciador	Pode exercer (depende do poder e da influência)	Pode exercer (depende do poder e da influência)	Pode exercer (depende do poder e da influência)
Avaliador	Muito intensa	Pouco intensa	Intensa
Decisor	Intensa	Intensa	Intensa
Aprovador	Pouco intensa	Muito intensa	Intensa
Usuário	Inexistente	Inexistente	Muito intensa

O quadro 2 demonstra a presença de negociação em cada papel de compra, dependendo do tipo de compra que é realizada e do poder e influência que cada participante do processo possui. Fica claro que a figura do influenciador está presente em qualquer tipo de negociação, dependendo, é claro, de seu poder e influência em cada uma das etapas decisórias. Essa presença deve ser realizada com profundidade no momento da preparação da negociação. Muitas vezes, profissionais distantes ao momento da compra podem estar influenciando uma decisão de compra.

Uma outra figura interessante a ser examinada, ou trabalhada previamente, é a do iniciador. É considerado uma referência, um "advogado", uma pessoa satisfeita com os serviços de determinada empresa que se disponibiliza a iniciar um processo de venda, uma indicação, por exemplo. Dos três tipos de compras, vamos encontrá-lo em maior presença na compra para consumo. Nos programas *member get a member*,[18] por exemplo, é a pessoa que recomenda amigos ou conhecidos para comprarem produtos que já compraram em troca de algum tipo de benefício. É sempre bom ter em mente que um cliente hoje pode ser um iniciador em outras ocasiões.

A partir daí, como apresentado no quadro 2, vamos encontrar os participantes do processo de negociação nas empresas. Nas empresas que compram para industrializar, vamos ter os avaliadores como os mais importantes participantes da compra, as pessoas que devem ter especial atenção na negociação. São, geralmente, representados por um departamento técnico — P&D (pesquisa e desenvolvimento), fabricação ou industrial, ou até marketing. É destas áreas que saem as orientações necessárias para o aprovador executar o processo de compra. Os fornecedores das indústrias são, geralmente, estabelecidos pelos influenciadores. Ainda na compra para manipulação, uma presença importante, mas nem tanto quanto a do avaliador, é a do decisor, que a partir das orientações recebidas vai tomar a decisão da compra. O papel do aprovador é representado por um comprador numa compra para manipulação e é um executor da formalização da compra, abrindo pouco espaço para a negociação. O aprovador é mais presente no processo de negociação, quando existe mais de um fornecedor para o mesmo tipo de produto. Na compra para manipulação, a presença do usuário é nula.

Já nas compras para revenda, o papel do aprovador no processo de negociação é muito intenso. Afinal, são dele as decisões sobre fornecedores, produtos, quantidades e preços. Costuma ter muito poder e influência no processo e em relação aos outros participantes. As presenças do avaliador e do decisor

[18] Presente nos programas de fidelização dentro do marketing de relacionamento.

são para estabelecer parâmetros máximos e mínimos da negociação. O usuário, mais uma vez, não está presente.

Um caso bem diferente da intensidade de negociação por papel de compra está na venda para consumo, na qual o usuário é o mais participante. Neste caso podemos dizer até que os papéis de compras são, na maioria das vezes, desempenhados por uma única pessoa.

A razão por que é necessário estabelecer a presença da intensidade de negociação por papel de compra está diretamente relacionada com o estabelecimento da estratégia de vendas a ser aplicada. O grande erro encontrado no processo de vendas é a inversão de ordem: ao invés de privilegiar a estratégia de vendas se vai direto para as técnicas de vendas. Técnica de venda diz respeito ao como vender. A estratégia de vendas, por outro lado, tem seu foco no que vender. Se não houver identificação de quem é quem no processo de vendas, não será possível estabelecer uma boa estratégia de vendas para depois então estabelecer uma boa técnica de vendas. Sem saber qual é o grau de negociação e relacionamento que cada um exige no papel de vendas, dificilmente uma venda será eficaz.

A negociação e as fases da venda

Para maior ou menor aplicação da negociação é preciso resgatar o clássico conceito das fases da venda: pré-venda, venda e pós-venda, descritas em praticamente todos os livros que tratam de técnicas de vendas.

A pré-venda é a fase preparatória, o momento de buscar conhecer o cliente, suas necessidades e desejos. É o momento de verificar as condições de como a oferta a ser realizada resolve o problema do cliente. É o ensaio da venda. Dentro da pré-venda há uma evolução genérica de todos os tipos de compras e um natural acompanhamento do vendedor em cada fase. Passa de um processo de desconhecimento para uma identificação de problema, de necessidade ou mesmo de oportunidade. Aqui, o vendedor deverá ajudar o cliente a identificar a sua situação, obtendo o maior número de informações sobre o cliente. No momento em que o cliente toma ciência do problema ou oportunidade, ele passa a analisar as suas dimensões: é a fase do conhecimento. O vendedor, interagindo com ele, vai procurar analisar a situação. Para ele é a fase da análise. Fechando a fase da pré-venda vem o momento de determinar os critérios para solução do problema. O papel do vendedor será influenciar na construção desses critérios, ajudando a encontrar os melhores parâmetros para definição da compra. O quadro 3 demonstra a evolução da fase de pré-venda.

Quadro 3

A PRÉ-VENDA NAS FASES DA VENDA

Processo de compra		Processo de venda	
Desconhecimento	Identifica a oportunidade ou problema	Identificação	Obtém informação sobre a situação do cliente
Conhecimento	Analisa a dimensão da oportunidade ou do problema	Análise	Analisa a situação atual do cliente, suas oportunidades e problemas
Consideração	Determina os critérios para a solução	Influência	Ajuda o cliente a determinar os critérios para a solução

Ainda na pré-venda e na relação com compradores que manipulam ou revendem, o vendedor deve investir algum tempo com os influenciadores e um bom tempo com os avaliadores e com os decisores, os dois papéis de compras mais importantes nesta fase. De uma forma secundária aparece o papel do aprovador, que vai executar o processo de compra. Na venda para consumo, os papéis mais importantes na pré-venda são os dos usuários e influenciadores. Os quadros 4a e 4b demonstram a presença maior ou menor de negociação por papel de compra.

Quadro 4a

Fases das vendas e a presença da negociação: compra para manipulação e revenda

Papéis em compra	Fases da venda		
	Pré-venda	Venda	Pós-venda
Iniciador	Presente	Não há	Não há
Influenciador	Presente (depende do poder e da influência)	Pouco intensa	Presente (depende do poder e da influência)
Avaliador	Muito intensa	Intensa	Presente
Decisor	Muito intensa	Intensa	Presente
Aprovador	Presente/intensa	Muito intensa	Intensa
Usuário	Presente	Não há	Muito intensa

Quadro 4b

Fases das vendas e a presença da negociação: compra para consumo

Papéis em compra	Fases da venda		
	Pré-venda	Venda	Pós-venda
Iniciador	Presente	Não há	Não há
Influenciador	Presente	Não há	Não há
Avaliador	Intensa	Presente	Não há
Decisor	Muito intensa	Intensa	Presente
Aprovador	Intensa	Muito intensa	Não há
Usuário	Muito intensa	Intensa	Muito intensa

A fase classificada como venda é o esforço em construir um raciocínio comum que vai levar ao seu fechamento. É o momento em que, por meio de perguntas e respostas,[19] o com-

[19] Tipos de perguntas

Perguntas abertas: admitem mais de um tipo de resposta e exigem que a pessoa pense antes de responder, já que as respostas podem ser longas. Costumam começar com "como" ou "o que".

Perguntas fechadas: admitem só um tipo de resposta. "Você já sabia disso?" ou "Por quanto tempo você esperou?" são exemplos de perguntas fechadas. Não há mal nenhum em utilizá-las, desde que não seja com freqüência.

Perguntas espelhadas: são as que podemos fazer sem que o outro se sinta diretamente "perguntado", apenas fazendo espelho do que ele disse, repetindo suas últimas palavras.

Perguntas exploratórias: são as que irão ajudar a aprofundar algum aspecto específico. São adequadas quando você percebe que a outra pessoa passou rápido demais sobre um ponto importante.

prador apresenta o que deseja e o vendedor apresenta a solução desejada, por meio de um produto ou serviço. A fase da venda propriamente dita é aquela em que tanto o vendedor quanto o comprador vão passar do momento da escolha para o momento de efetivar o negócio. O comprador avalia cada fornecedor levando em consideração os critérios e as especificações anteriormente desenvolvidos e o vendedor, por sua vez, demonstra como seu produto poderá atender os parâmetros estabelecidos.

A conclusão desta etapa é a venda em si: o vendedor resume os benefícios, indicando o que o comprador ganha ao comprar seu produto ou serviço e o comprador fecha o negócio.

Na compra para manipulação ou revenda o processo de vendas deve ser centrado na pessoa do aprovador, o principal papel de vendas nesta fase. O decisor dará seu veredicto final como suporte ao aprovador e baseado nas indicações do avaliador; é, ainda, possível a presença dos influenciadores. Na compra para consumo, o trabalho de vendas nesta fase deve ser centrado no usuário, no decisor e no comprador, conforme mostra o quadro 5

Quadro 5

A VENDA NAS FASES DA VENDA

Processo de compra		Processo de venda	
Escolha	Avaliação dos fornecedores (critérios *x* especificação)	Demonstra	Como o produto ou serviços (a empresa também) é capaz de atender às especificações
Compra	Escolhe o fornecedor	Vende	Resume os benefícios, fecha o negócio e combina a entrega

Olhando estas duas fases da venda (pré-venda e venda), é possível determinar o resultado, diante do esforço realizado em cada uma delas: quanto maior for o esforço na fase da pré-venda, menor será o tempo na fase da venda e maior poderá ser o resultado. O momento da venda é mais objetivo, porque um bom trabalho de base foi realizado na pré-venda. O contrário também é verdadeiro: quanto menor for o tempo reservado para preparar a venda, maior será o tempo necessário para estabelecê-la, o que poderá resultar numa venda em menor volume do que a anterior.

Fechada a venda, chegou o momento da pós-venda. Garantir que as promessas realizadas na fase anterior sejam alcançadas. Vendas deve tomar todas as providências necessárias para que tudo o que foi combinado seja cumprido, enquanto o comprador avalia o que foi entregue, como mostra o quadro 6.

Quadro 6

O PÓS-VENDA NAS FASES DA VENDA

Processo de compra		Processo de venda	
Avaliação	Avaliação da solução entregue	Acompanhamento	Toma as providências para entregar e garantir as promessas realizadas

Nas vendas para manipulação e revenda, a atenção deve ser dada aos participantes do processo formal, principalmente o usuário, por uma questão óbvia da busca da satisfação do uso do que foi comprado, e também ao aprovador, uma vez que ele formalizou o negócio desta vez. Uma boa vontade para as próximas compras será importante cultivar nesse momento, demonstrando a qualidade das promessas cumpridas. Não esquecer que o avaliador deve ter ciência dessa qualidade para ter sempre uma avaliação positiva nos próximos processos de compra.

Na venda para consumo, o recomendável é garantir que o usuário fique satisfeito. Trabalhar bem a pós-venda será meio caminho andado para uma nova venda. Afinal, o usuário estará em uma posição confortável na próxima venda, em qualquer papel.

A negociação e o comportamento de compra

Outra forma de estudar o encaminhamento das fases da venda é por meio da relação que o comprador deseja ter com o que está comprando, seja um produto ou empresa. Temos compradores de uma única vez. São os compradores interessados apenas nas especificações dos produtos, no seu preço ou no prazo de entrega. São muito diretos e visam apenas o resultado imediato e não o futuro. O foco do vendedor deverá ser apenas no produto e não será necessário um grande esforço para a pré-venda. Haverá um diálogo objetivo entre comprador e vendedor: produto, preço e prazo. O vendedor deverá ter um bom repertório de argumentos para convencer rapidamente o comprador e evitar perder lucratividade excessiva, já que só tem uma oportunidade para lucrar. Este tipo de transação traz como conseqüência a pouca necessidade de atividade de pós-venda.

Existe outro tipo de comprador que vai exigir do vendedor atitudes diferentes daquelas dos compradores de transação. São clientes preocupados com o futuro, que buscam nos fornecedores orientação, querem saber da previsibilidade do fornecedor, além de acompanhar os passos futuros de sua estratégia empresarial. A venda deve ser focada na relação e, principalmente, no relacionamento de longo prazo. Para esse cliente é necessário um esforço maior na fase de pré-venda, pois ele está buscando uma solução completa para seu problema e exige do vendedor conhecimento de suas necessidades. A conseqüência desse esforço é uma oferta focada e, como tal, pouco tempo será necessário na fase da venda, abreviando o fechamento do negócio. E aqui, sim, diferente das compras de transação, um bom trabalho de pós-venda poderá dar início a um novo processo de recompra. O cliente de relacionamento espera por este acompanhamento.

A venda de transação é mais adequada para uma estratégia de vendas sob pressão, na qual um grande número de contatos é realizado para chegar à conclusão de negócios: passa rapidamente de *suspect*[20] para *prospect*[21] e de *prospect* para experimentador na própria visita. A venda de relação é tipo consultiva, porque é possível um tempo maior para investir na identificação e análise das necessidades do cliente e para influenciar na definição dos critérios decisórios. Podemos dizer que é uma solução sob medida.

Na verdade, vendas é um processo que gira em torno dos diversos relacionamentos com o cliente. A construção desses relacionamentos é, então, a tarefa mais importante dos gestores de vendas nos dias de hoje. Uma boa orientação para vendas vem da definição do marketing, no qual vendas deve estabelecer, manter e ressaltar as relações com os clientes de forma que os objetivos das partes envolvidas sejam atendidos.

---

[20] Pessoa ou empresa que se enquadra no perfil ideal do cliente potencial que se quer conquistar (Moreira, 1996).

[21] Pessoa ou empresa que demonstra interesse em comprar um produto (Moreira, 1996).

8

Fatores críticos de sucesso

Como foi visto, a área de vendas, dentro da organização, representa o processo final do atendimento ao mercado. Ou então a sua interface mais fundamental. É por meio dela que os resultados são alcançados. Toda empresa comercial tem como objetivo o lucro e ele só pode ser conseguido se houver a venda, o faturamento.

O faturamento é iniciado com a concordância do cliente com a compra, seu aceite para o início do processamento do pedido que vai reunir as condições de crédito, disponibilidade de estoque, de transporte para entrega do produto. Cada concordância, cada venda, cada faturamento, vai somando, nota fiscal após nota fiscal, até chegar no alvo objetivado pela empresa num determinado período.

É natural portanto uma pressão gerencial sobre a área de vendas para chegar nesses números. O encaminhamento para o seu melhor resultado deve estar intimamente ligado com o processo de criar condições para que os profissionais responsáveis pela interface comercial com o mercado, os vendedores, tenham sua própria automotivação.

Não é possível imaginar criar motivação em quem não quer ser motivado. Por isto a automotivação. Por outro lado, de nada adianta criar programas de motivação se a área de vendas não possuir a capacidade de executar tarefas. Uma tarefa bem-feita não é tudo. Para haver o consentimento do cliente para uma proposta, um processo de convencimento, que nem sempre é fácil, deverá ser realizado. Nem sempre a resposta positiva é alcançada num primeiro momento. E nem sempre o resultado pretendido pela empresa será alcançado com poucos negócios. Junto com automotivação e capacitação é necessário considerar a persistência em buscar os resultados objetivados pela empresa como parte dos fatores críticos para o sucesso em vendas.

Fatores críticos de sucesso são as poucas áreas e ações que precisam ser efetivamente realizadas para se chegar a um resultado. A busca da automotivação, da melhor capacitação e da persistência são áreas críticas de sucesso para alcançar bons resultados ao longo de um período. O marketing deve se associar para facilitar ao gestor de vendas alcançar os resultados. As ações a seguir indicadas procuram integrar o dia-a-dia de marketing com vendas e vice-versa para em conjunto conseguir os melhores resultados para a empresa.

Áreas em que as ações de marketing devem auxiliar vendas

Automotivação

O profissional de vendas precisa estar confortável com a tarefa a ser realizada. Para tanto, a área de marketing deverá auxiliar o gestor de vendas a desenvolver a melhor engenharia de vendas que proporcione esse conforto ao vendedor. Entende-se por engenharia de vendas todos os recursos físicos, sistemas e processos que facilitem o trabalho de vendas, envolvendo o ambiente onde as vendas serão realizadas bem como os materiais de apoio para a venda, além da própria seqüência em que ela deve ocorrer.

Numa venda de varejo pessoal, ou seja, face a face, em que o cliente vai até o local de vendas ter contato com o vendedor, é fundamental que o marketing, conhecendo as suas particularidades, prepare a melhor configuração de aproximação através de um melhor fluxo, considerando a decoração, a temperatura e os elementos de apoio de comunicação. Desde o momento da aproximação, o cliente vai construindo sua predisposição para compra. Imagine o contrário: o cliente tem dificuldade para entrar na loja, não percebe bem as ofertas da loja, sente o ambiente pouco agradável. Isto irá afetar, certamente, o trabalho do vendedor.

Numa venda para quem revende, por exemplo, marketing deverá fornecer os elementos que substituirão o ambiente no caso da venda ao consumidor. São os chamados elementos de ajuda para a venda, como folhetos, catálogos, amostras, referências, testemunhos, certificações ou tudo isto dentro de um *kit,* uma pasta especial. Algumas empresas consideram a roupa do vendedor parte integrante e importante desse ambiente de vendas, além da sua própria atuação pessoal: ética e asseio pessoal.

Equipamentos de suporte para concretizar o negócio devem ser disponibilizados. Os computadores portáteis de mão, fornecidos para o vendedor, permitem de um lado levar ao cliente informações em geral e de outro facilitam o momento do pedido. Os terminais de computador nas lojas de varejo têm o mesmo objetivo de facilitar o início do processamento do pedido.

A presença de elementos decorativos promocionais como *banners*, cartazes, vídeos informativos sobre produtos ou serviços são parte integrante para provocar motivação dos vendedores e interesse dos clientes.

Capacitação

Outro fator crítico de sucesso é a capacitação do vendedor para executar o que dele é exigido. A área de capacitação envolve conhecimentos e habilidades específicas de vendas, e é uma das principais responsabilidades do gestor de vendas. Através dessas competências os vendedores serão capazes de identificar e comunicar os valores de suas ofertas aos clientes. Por outro lado, desenvolver valores é responsabilidade do marketing.

Das funções de vendas, destacamos a comunicação. O vendedor tem que ser visto como parte integrante e crítica da estratégia de comunicação da empresa. Afinal, quando ele argumenta está fazendo comunicação em nome da empresa. A venda pessoal é a ferramenta de comunicação mais presente e decisiva de todas as ferramentas de comunicação. O mesmo nível de preocupação que um profissional de marketing tem com o desenvolvimento da comunicação propaganda, por exemplo, deve ter com a comunicação de venda, para que os vendedores possam melhor executá-la.

O marketing, ao se envolver em programas de treinamento da força de vendas, deve estar focado nos valores desenvolvidos para cada produto ou serviço. Os valores, na linguagem de vendas, vão compor os argumentos de vendas, que vão ser utilizados durante a entrevista de vendas. O marketing deverá indicar nos programas de treinamento a melhor forma de conduzir as entrevistas de vendas, também conhecida como roteiro de vendas. O roteiro de vendas deve incluir as clássicas etapas, descritas a seguir:

- abertura é a forma como a entrevista deve ser iniciada e quais assuntos devem tornar o encontro favorável ao assunto de vendas que será tratado;
- abordagem é a condução do assunto ao ambiente imaginário onde o cliente poderá perceber os benefícios que serão apresentados durante a fase seguinte;
- apresentação é o momento em que o produto ou serviço é apresentado como solução ao problema ou situação descrita, através da condução do assunto realizada na etapa anterior;
- superar objeções é a interação com o cliente para responder dúvidas que persistirem;
- fechamento é a proposta de troca entre a promessa de venda e a promessa de pagamento a ser feita pelo cliente.

Além de fazer um bom roteiro de vendas e por conhecer melhor a predisposição do mercado-alvo em comprar o produto ou serviço, o marketing deve rechear esse roteiro com palavras, frases ou até mesmo a comunicação completa a ser repetida pelo vendedor diante do futuro comprador. Algumas empresas, como as do setor de laboratórios farmacêuticos, por exemplo, já têm o hábito de criar *scripts* de vendas e treinar as equipes para a sua aplicação. A responsabilidade do desenvolvimento do *script* e treinamento da equipe de vendas deve ser do marketing. Um *script* completo das palavras a serem usadas em cada etapa será mais completo quanto mais a venda não necessitar de adaptações em sua argumentação. Se o encaminhamento for pelo conceito de venda consultiva, as frases do *script* estarão mais soltas, sem uma ligação específica de raciocínio entre uma e outra e deverão ser utilizadas conforme a situação que vai sendo apresentada ao vendedor pelo comprador. Devem representar respostas a objeções ou formas de dar ênfase a determinados atributos ou mesmo frases que possam conduzir o assunto a uma determinada abordagem que permita ao vendedor discutir e propor benefícios para realizar a venda.

O marketing ao desenvolver a abordagem mercadológica do produto ou serviço estuda quem são os clientes em potencial para cada novo produto ou serviço. Conhecendo o que motiva cada um ao ato da compra, fica fácil construir um raciocínio que convença o cliente a comprar de forma mais precisa. Qualquer que seja o roteiro de vendas ou *script* deve conter os valores que movem o cliente a comprar, para tornar a abordagem de vendas mais eficaz.

Para a equipe de vendas, o marketing deve também indicar quais clientes estariam mais dispostos a comprar o produto ou contratar o serviço e o porquê, baseado nas avaliações laboratoriais realizadas, anteriores ao seu lançamento, ou mesmo com base nos estudos de acompanhamento de clientes compradores. É sempre possível encontrar novos clientes no mercado futuro ou possíveis compradores com características semelhantes às dos atuais. Fica então evidente a importância do marketing ao avaliar o perfil dos atuais compradores e compartilhar esta avaliação com a equipe de vendas nos programas de treinamento. Surgirão abordagens mais eficazes do vendedor junto a possíveis compradores.

É interessante também comunicar para a equipe de vendas o lançamento de uma nova campanha de propaganda para o mercado. Conhecendo a abordagem desse esforço de comunicação, o vendedor poderá tirar melhor proveito na sua interface comercial com o mercado.

Complementa como fator crítico da capacitação do vendedor e equipe o necessário envolvimento direto do marketing com o lançamento de novos produtos ou novos usos para o produto.

Novos produtos são sempre um problema para a equipe de vendas, pois dá mais trabalho vender. Uma boa impressão inicial e envolvimento do vendedor são fundamentais para seu sucesso. O marketing deverá preparar a melhor apresentação deste novo produto para capacitar o vendedor a vender com tranqüilidade. Essa apresentação deve ser constituída das razões por que a empresa está lançando este produto, sua concepção, os resultados dos testes que foram realizados, os materiais de apoio que serão disponíveis para vendas, a campanha de lançamento, os roteiros de vendas com seus respectivos *scripts*, quando for o caso, e o preço de venda. Tabela de preço e condições de vendas devem ser tratadas na tática de venda pelo gestor de vendas. O vendedor bem-informado saberá criar sua automotivação para a venda desse novo produto. Os vendedores que são remunerados por uma parte variável relativa a um percentual sobre o preço de vendas consideram novos produtos um grande problema: dá mais trabalho vender um novo produto do que um produto estabelecido. O marketing deverá enfatizar nas reuniões de apresentação do produto os benefícios que os vendedores alcançarão com a venda do novo produto.

Ao longo da gestão do produto, o marketing, pesquisando formas de aumentar as vendas de determinado produto, poderá focar novos usos do produto. Quando esses novos usos puderem ser utilizados de forma ampla no mercado, devem ser transmitidos para a área de vendas. Esse novo conhecimento capacita a equipe de vendas. É um renovar de argumentos junto ao mercado. Pode ser através de uma simples comunicação interna aos vendedores pelos meios existentes ou então pessoalmente, dentro de um encontro ou reunião com vendedores.

O momento de lançamento de nova campanha, principalmente a de propaganda, fecha o ciclo de possibilidades de capacitação da equipe de vendas. Qualquer ação que facilite o vendedor a fechar um pedido é um grande estímulo à venda, um facilitador muito desejado. O marketing ao longo do tempo tem realizado interessantes apresentações de campanha que vão desde o simples mostrar as peças de comunicação até o ambientar o local da apresentação com os elementos dos filmes de propaganda ou, muitas vezes, trazendo os principais atores e modelos das peças publicitárias. Entre os materiais de apoio recomendados para essa ocasião temos o *broadside*, um material impresso ou eletrônico que contém a reprodução das peças da campanha que está sendo lançada.

Persistência

Persistência é também um fator crítico de sucesso em vendas. Vendedores de um modo geral estão muito expostos à rejeição. O não para o vendedor é algo normal. A insistência para chegar a uma venda sempre foi algo esperado do vendedor. Além do mais, é necessário considerar que os chamados vendedores de rua trabalham fora de um lugar físico e têm maior liberdade de horário. Por isso o gestor de vendas deve ter a preocupação em ter uma equipe de profissionais com disciplina, iniciativa própria e assertividade, que podem aliviar a pressão da gestão por resultados. Somado a isso, ele deve buscar profissionais com características focadas na competitividade dentro e fora do grupo de trabalho. Confrontar resultados positivos entre os membros de equipe competitiva sempre dá um bom resultado. O marketing deve, sempre que necessário, aproveitar a característica do vendedor para provocar resultados adicionais ou diferenciados. A ferramenta promocional mais indicada para esse caso é o concurso de vendas, que basicamente tem como intenção o aumento do esforço do vendedor ou equipe a conseguir um resultado maior num determinado período baseado numa série histórica. É uma atividade muito comum para um grande número de empresas que patrocinam concursos anuais, semestrais ou períodos menores e oferecem como prêmio viagens, bens como equipamentos eletroeletrônicos para uso particular do vendedor ou pontos para trocar por diferentes tipos de prêmios. Os concursos com melhores resultados são aqueles cuja base de premiação é quantitativa. Por outro lado é possível — e depende da intenção — que um concurso tenha o caráter qualitativo.

O concurso de vendas quantitativo é uma atividade de incentivo interno de vendas, baseada no número de unidades vendidas pelo vendedor ou equipe e que podem ser calculadas por diversos parâmetros. Sempre para um determinado período podem ser consideradas unidades físicas vendidas, número de clientes conquistados, nível de distribuição numérica ou ponderada,[22] *mix* de produtos colocados no mercado, número de visitas realizadas, número de visitas *versus* número de pedidos angariados etc. A preocupação fundamental de um concurso de vendas quantitativo é sua possibilidade de alcançar o objetivo estabelecido, muito alto em relação às médias alcançadas anteriormente sem o incentivo do concurso. Pode parecer impossível, ocasionando efeito contrário. O vendedor não terá o estímulo suficiente para realizar um esforço de persistência superior ao que já realiza. O inverso também é possível encontrar. Território de vendas com baixa performance, causada por uma baixa atuação do vendedor, pode receber um objetivo baixo em relação a sua potencialidade. Isto facilita o resultado do vendedor da área dentro do concurso e é um desestímulo para os vendedores de outras áreas que, bem trabalhadas, estão próxi-

[22] Distribuição numérica refere-se ao percentual de clientes que compraram o produto num determinado período de tempo relativo ao total de clientes que compram a categoria do produto em estudo. Distribuição ponderada refere-se ao percentual de faturamento da categoria do produto que os clientes compraram relativo ao total de faturamento da categoria em todo mercado objeto do estudo.

mas de sua potencialidade e com maior dificuldade em chegar no número objetivado. O gestor de marketing, ao preparar essa atividade, deve ter a preocupação de conhecer a potencialidade real de cada área, negociando previamente com o gestor de vendas cada um dos objetivos a serem entregues para a força de vendas. Os objetivos, portanto, devem ser mensuráveis e atingíveis para que todos os vendedores sintam que têm a mesma chance. Outra preocupação é quanto às condições especiais para premiação. Concurso de vendas que para premiar um vendedor individualmente condiciona o resultado da equipe pode funcionar como estímulo negativo para o vendedor que fez esforços para alcançar o patamar desejado se, por qualquer razão, a equipe que ele faz parte não chegou ao mesmo patamar da condição. Ninguém recebe o prêmio, muito menos o vendedor que se esforçou. O concurso deve ter a escapatória suficiente para remediar essa situação, mantendo estimulado esse profissional.

O concurso de vendas qualitativo é menos presente que o anterior. Deve ser utilizado quando é desejado testar conhecimento do produto ou serviço que vendem. Pode ser aplicado tanto em atividades fechadas como convenções ou seminários, no dia-a-dia do vendedor através de resposta pelo correio eletrônico, ou mesmo cupons de participação. Sendo uma atividade para medir o nível de conhecimento e interação com o produto, o nível de respostas erradas tem tanta importância quanto as certas. Sabendo-se o nível de desconhecimento é possível desenvolver, em seguida, treinamentos de capacitação específicos. O benefício alcançado com os concursos qualitativos é o maior envolvimento dos vendedores com o produto ou serviço, objeto dessa atividade promocional.

Os dois tipos de concurso de vendas têm vetores diferentes. O quantitativo preocupa-se com o resultado no ato da venda, enquanto o concurso qualitativo preocupa-se com o ato da compra em face da somatória de conhecimento que o vendedor passará ao mercado.

Algumas maneiras de melhorar a produtividade em vendas

Embora os resultados de vendas possam ter uma ligação direta com o apoio que o marketing pode dar à gestão de vendas, cabe a esta a administração do dia-a-dia de vendas. Não custa observar, dentro dos fatores críticos, algumas maneiras de melhorar a produtividade em vendas. Os itens a seguir têm como objetivo demonstrar o que pode ser feito para se atingir as metas pretendidas pela área de vendas, bem como vencer alguns obstáculos impostos pelo mercado, pela globalização, pelo governo ou mesmo pela concorrência.

Em qualquer tipo de negociação o resultado final é determinado pelo balanço de poder entre os negociadores. No entanto, especialistas em estratégias de negociação enfatizam a importância de conhecer os dois lados, medindo os elementos de força e fraqueza de cada um antes de sentar-se à mesa para negociar. Todo e qualquer cliente em potencial tem o poder de comprar ou não. Muitos vendedores assustam-se com esse poder e falham ao reconhecer que também têm seu próprio poder, que pode ser utilizado para melhorar o resultado das suas negociações.

Conhecimento é poder

Conhecimento sobre o produto ou serviço e sua aplicação para resolver os problemas, necessidades ou desejos do cliente são fontes de poder para o vendedor. Elementos adicionais de conhecimento incluem a concorrência, legislação e informações aprofundadas sobre a realidade do cliente em potencial. O marketing deve ter ciência deste fato e auxiliar vendas sempre que possível, com a melhor e mais honesta informação para dar poder ao vendedor na hora da negociação.

Consultores na sua área de atuação

Vendedores com clientes de recompra constante podem estabelecer-se como *experts*, tornando-se consultores e influenciadores nas decisões de compra. A informação gerada pela área de vendas por este maior conhecimento é matéria-prima para o marketing. Por outro lado, o fato de o marketing obter esse maior conhecimento pode melhorar as respostas às necessidades desses clientes através dos vendedores.

Vendedores em trabalho de prospecção devem estabelecer, no começo da relação comercial, sua credibilidade como conselheiros, se quiserem beneficiar-se desse poder de negociação. As apresentações podem conseguir isto através do uso de testemunhos de outros clientes, estudos de caso, fotos, gráficos, ou qualquer coisa que ajude o cliente a visualizar a sua capacidade de ajudá-lo. O marketing deve estar atento para proporcionar aos vendedores o melhor conjunto de materiais.

Vantagens competitivas

Os concorrentes podem contrabalançar o poder de negociação tanto do vendedor quanto do comprador. Quando o vendedor é o único que pode fornecer o produto ou serviço capaz de atingir os resultados desejados, ou com uma oferta de valor indiscutível, ele tem nas mãos este poder. Quando o cliente tem várias opções disponíveis, com produtos ou serviços similares, é ele quem passa a deter este poder, utilizando-o principalmente para negociar preços, prazos, adicionais. Em qualquer uma das situações, o marketing deve, ao estudar o produto e a concorrência, apresentar de forma clara para vendas os diferenciais existentes e os mais valorizados pelo mercado para ajudar vendas a dosar o poder na medida que não crie uma imagem negativa, pelo pouco ou muito poder. É necessário ter em mente que clientes voltarão a comprar e a situação pode mudar.

Persuasão

Vendedores são preparados para reconhecer os motivos de compra do cliente e depois apelar persuasivamente para esses fatores, enfatizando os benefícios e os atributos que melhor os atendem. Vendedores que utilizam melhor as técnicas de persuasão saem de negociações com maiores pedidos do que concorrentes que não têm essa habilidade. Muitos vendedores, entretanto, não se dão conta de que muitos compradores também são excelentes em persuadi-los, principalmente a dar descontos. O marketing, ao desenvolver *scripts* de vendas, deve enfatizar seus argumentos nos benefícios. Afinal quem compra, compra pelos benefícios que um produto ou serviço oferece. A persuasão será facilitada se o vendedor souber abordar adequadamente os benefícios.

Legitimidade

Leis, regulamentos, regras, autoridades, tradições, pressão pública e os meios de comunicação são formas de legitimidade que podem dar a cada uma das partes envolvidas numa negociação de vendas uma clara vantagem competitiva. Os preços publicados pela empresa nas suas tabelas de preço, as condições e termos gerais da venda são formas de legitimidade que dão poder ao vendedor. Aumentar a legitimidade do vendedor é também uma tarefa do marketing.

Performances passadas

Vendedores que podem mostrar evidências de clientes satisfeitos, de como suas garantias funcionam, ou de como atendem bem às reclamações de clientes, têm uma vantagem competitiva nítida sobre concorrentes que não podem alegar o mesmo. Da mesma forma, clientes com um bom histórico, que sempre pagam em dia, são fiéis e não inventam truques para levar vantagem, também conseguem um melhor atendimento e melhores negociações com seus fornecedores. Histórico de relação do cliente com a empresa é uma tarefa de vendas. Para o marketing, a somatória de bons exemplos pode ser transformada em útil material de apoio ao vendedor para realização de negócios.

Tempo e esforços investidos

Compras e vendas inteligentes demandam investimentos em tempo e energia. O vendedor disposto a dedicar-se e planejar sua negociação, a desenvolver as habilidades requeridas e a preparar-se corretamente terá obviamente uma vantagem em relação aos vendedores concorrentes despreparados. O marketing, ao se preocupar com a automotivação de vendas, sua capacitação e a busca da persistência, está ajudando a equipe de vendas como um todo. Entretanto, a energia do vendedor e sua dedicação devem vir pela maior adequação do perfil do vendedor à tarefa desejada, uma tarefa do gestor de vendas, não do marketing.

Técnicas de negociação

Da mesma forma que é necessário ter habilidade para persuadir os clientes, um vendedor deve também ser um *expert* em técnicas de negociação. Muitas vendas, principalmente as grandes, são conseguidas dessa maneira, especialmente ao se lidar com compradores profissionais, gente treinada para "espremer" vendedores em busca de cada centavo de economia e cada concessão extra.

Numa venda normal, um vendedor raramente terá todos esses poderes ao seu lado. Um bom profissional será aquele capaz de avaliar sua situação, adaptando-se à realidade dessa negociação específica. Somente assim conseguirá fechar um maior número de negócios lucrativos, satisfazendo as necessidades do cliente, da empresa e do vendedor. O máximo que o marketing pode fazer nesse momento é oferecer elementos de suporte às técnicas de negociação. O gestor de vendas é o responsável pelo desenvolvimento da capacitação de sua equipe em saber negociar melhor.

Planejamento e metas em vendas

Planejar é decidir com antecedência o que deve ser feito, para prevenção contra eventualidades futuras e adequação da empresa aos ajustes necessários.

O planejamento consiste em analisar as situações internas e externas, a partir dos objetivos da empresa, fazer uma previsão do que pode acontecer, preparar para atender e executar essa previsão e controlar o trabalho para que tais objetivos sejam alcançados.

Na maioria das empresas que praticam o planejamento, os objetivos e metas são definidos pela diretoria, seja em operação isolada ou num trabalho integrado com os outros departamentos. Percebemos que a diretoria tem quase que o monopólio sobre o assunto, sendo o resto da empresa tratado como mero coadjuvante.

É possível encontrar o departamento de vendas sendo mais consultado do que o departamento de marketing na hora de definir objetivos e metas. Afinal, ele recebe mais *inputs* diretamente do mercado e é possível que suas previsões sejam mais próximas da realidade se comparadas com as do departamento de marketing. Além disso, o comprometimento do departamento de vendas com o desejado é maior se estiver comprometido desde o começo.

Para se alcançar os objetivos estabelecidos em vendas é necessário saber a quem vender, o que vender, e o método de vendas mais apropriado. Qualquer que seja a influência do marketing sobre o resultado de vendas, estas indicações devem ser dadas por marketing, em primeiro lugar. Após isto, negociada com vendas, pois a base do plano de vendas é o plano de marketing.

Embora os profissionais de vendas brasileiros e suas equipes tenham grau de confiança médio em relação aos seus planos, devido principalmente às variáveis externas e não controláveis, eles acreditam no processo de planejar. Planos geram uma sensação de segurança. Além disso, permitem delegar melhor. Para os gerentes, o planejamento é chave indispensável para o sucesso, pois direciona toda a equipe. Marketing e vendas devem estar em pleno acordo antes de lançar um resultado de plano ao mercado.

Mas só fazer o plano não basta. É preciso que os objetivos sejam claros, que haja seriedade na hora da confecção e execução. É preciso envolver todos no processo. Toda a empresa deve estar consciente e trabalhando para alcançar a meta. Afinal, o plano não é de marketing ou de vendas. É da empresa. O comprometimento é a diferença entre o sucesso e o fracasso de um plano. É necessário revisar os números e ações constantemente, treinar e teimar. Deve-se fazer com que todos estejam indo na mesma direção.

Conclusão

Vimos o quanto as políticas e estratégias do gerenciamento de vendas contribuem decisivamente para a organização alcançar seus objetivos e metas de marketing.

O profissional de vendas irá operar tanto como consultor de marketing quanto como vendedor, engajando-se em relacionamentos de consultoria com seus clientes, resolvendo e, quando possível, antecipando-se aos problemas de seus clientes, e não apenas vendendo. Portanto, deverá ter uma boa visão dos conceitos fundamentais de marketing.

O profissional de marketing, por sua vez, deverá entender como chegar a resultados mais rápidos e aí deverá contar com o esforço da área de vendas.

O foco para todos na empresa deve ser o de construir relacionamentos de longa duração com os clientes, a base da lucratividade, desenvolvendo para isso as competências necessárias. Para a área de vendas essas competências serão básicas para os profissionais assumirem maiores responsabilidades no direcionamento e na coordenação dos esforços de marketing da sua empresa no mercado. Não será simplesmente chegar ao "pedido" do cliente. A área de marketing, por outro lado, deverá dar o suporte necessário para a tarefa de manter esses clientes ao longo do tempo, provocando trocas.

Não é possível continuar aceitando que as duas áreas trabalhem de formas distintas. O marketing focando atividades com visão de longo prazo, atendendo objetivos empresariais, e vendas com uma visão mais imediatista dos resultados da empresa, focando apenas ações comerciais.

O mercado atual, caracterizado por paradoxos, desordem, diferenças, contingência, caos, imprecisão, incoerência, fragmentação e lógica confusa, nos instiga a concluir que marketing e vendas, muito mais do que aliados, caminham para uma interdependência definitiva, compreendendo que o sucesso se dará por acreditar que esta é uma via de mão única, comprovando que é a integração simbiótica para a obtenção dos três pilares de sustentação de qualquer empresa: caixa, lucro e perpetuação, traduzindo em cobertura de cotas, vendas com rentabilidade e valor para o cliente.

Bibliografia

Alder, Harry. *O gerente que pensa com o lado direito do cérebro*. Rio de Janeiro, LTC, 1994.

Blohowiak, Donald W. *Mavericks!* Rio de Janeiro, IBPI, 1993.

Clegg, Brian. *Negociação, como conseguir acordos com as pessoas*. Rio de Janeiro, Qualitymark, 2002.

Cobra, Marcos Henrique Nogueira. *Administração de marketing*. 2 ed. São Paulo, Atlas, 1992.

______. *Administração de vendas*. 4 ed. São Paulo, Atlas, 1994.

Dichter, Ernest. *Espelho, espelho meu, existe gerente mais eficaz que eu?* São Paulo, McGraw-Hill, 1989.

Dominando administração. *Financial Times*. São Paulo, Makron Books, 1999.

Enrico, Roger. *E o outro vacilou: a Pepsi venceu a guerra das colas*. Rio de Janeiro, Bertrand Brasil, 1987.

Fisher, Roger. *Como chegar ao sim*. Rio de Janeiro, Imago, 1994.

Forsyth, Patrick. *Tudo sobre marketing*. São Paulo, Nobel, 1993.

Goldmann, Heinz. *Estratégias inovadoras de vendas*. Rio de Janeiro, Ediouro, 1993.

Gordon, Ian. *Marketing de relacionamento*. Rio de Janeiro, Campus, 1992.

Iocobucci, Dawn. *Os desafios do marketing*. São Paulo, Futura, 2001.

Jackson, Barbara Bund. *Winning and keeping industrial customers: the dynamics of customers relationships*. MA, Lexington Books, 1985.

Johnson, Spencer & Wilson, Larry. *O vendedor minuto*. Rio de Janeiro, Record, 1985.

Kluczhy, Johann & Teixeira, Elson. *Programação neurolinguística — guia básico para pessoas e empresas*. São Paulo, Makron Books, 1995.

Kotler, Philip. *Administração de marketing: a edição do novo milênio*. 10 ed. São Paulo, Prentice Hall, 2000.

Las Casas, Alexandre Luzzi. *Administração de vendas*. São Paulo, Atlas, 1994.

______. *Marketing*. 4 ed. São Paulo, Atlas, 1997.

Machado, Andréa. *Você tem medo de falar em público?* São Paulo, Makron Books, 2001.

Miranda, Roberta Lira. *Estratégias e técnicas avançadas de negociação e vendas*. São Paulo, Bookmídia, 1999.

Moreira, Julio César Tavares; Pasquale, Perrotti Pietrangelo & Dubener, Alan Gilbert. *Dicionário de termos de marketing: definição, conceitos e palavras-chaves de marketing, propaganda, pesquisa, comercialização e outras áreas correlatas a estas atividades*. São Paulo, Atlas, 1996.

Murphy, Dallas. *Marketing: descomplicando conceitos, soluções dinâmicas*. Rio de Janeiro, Campus, 2000.

Muscovici, Felá. *Desenvolvimento interpessoal*. São Paulo, LTC, 1985.

O'Donnell, Ken. *A alma no negócio*. São Paulo, Gente, 1992.

Porter, Michael E. *Estratégia competitiva: técnicas para análise das indústrias e da concorrência*. Rio de Janeiro, Campus, 1992.

______. *Vantagem competitiva: criando e sustentando um desempenho superior*. 20 ed. Rio de Janeiro, Campus, 2000.

Ries, Al & Trout, Jack. *Posicionamento — como a mídia faz a sua cabeça*. Rio de Janeiro, Pioneira, 1991.

Rocha, Angela da & Christensen, Carl. *Marketing: teoria e prática no Brasil*. São Paulo, Atlas, 1999.

Sandroni, Paulo. *Novo dicionário de economia*. São Paulo, Best Seller, 1988.

Stone, Merlin; Woodcock, Neil & Machtynger, Liz. *CRM — marketing de relacionamento com clientes*. São Paulo, Futura, 2001.

Tapscott, Don & Caston, Art. *Mudança de paradigma*. São Paulo, Makron Books, 1995.

Teixeira, Elson & Mik, Carlos. *Competências múltiplas gerenciais*. São Paulo, Makron Books, 2000a.

______. *Motive-se, o sucesso está ao alcance de suas mãos*. São Paulo, Makron Books, 2000b.

______. *Teoria geral da administração e prática*. Rio de Janeiro, FGV, 2003.

Wanderley, José Augusto. *Negociação total: encontrando soluções, vencendo resistências, obtendo resultados nas situações*. São Paulo, Gente, 1998.

Os autores

Elson A. Teixeira

Mestre em administração de empresas pela Universidade Federal Rural do Rio de Janeiro (UFRRJ), pós-graduado em recursos humanos e bacharel em administração de empresas pelas Faculdades Integradas Jacarepaguá. Autor de 12 livros pelas editoras Makron Books do Brasil e FGV. Professor e consultor, tendo atuado em empresas como Petrobras, Banco Central do Brasil, Bradesco, FCC e Furnas Centrais Elétricas, entre outras. Professor nos MBAs de marketing e gestão empresarial da FGV. Foi executivo de empresas como Makron Books e Grupo Suma Econômica.

Cláudio Tomanini

Pós-graduado em marketing e comunicação dirigida pela Escola Superior de Propaganda e Marketing (ESPM/SP), especialização em *update in marketing* pela Wharton School of Pennsylvania e *management service* no Disney Institute, em Orlando. Consultor e palestrante de empresas como Vivo,

Citroën, Citibank, Haver, Hay Group, Klabin, Roche, Merck Sharp & Dohme, Schering, Ericsson, Caixa Econômica, BCN, entre outras. Professor do FGV Management.

José Luiz Meinberg

Graduado em comunicação social pela Universidade Anhembi Morumbi (SP) com diversos cursos de extensão universitária, destacando-se o Marketing Management Program pela Columbia University (Nova York, EUA). Sua experiência profissional inclui cargos de diretoria de marketing, gerência de grupo de produto e gerência de produto em empresas privadas como Cica, Heublein, Stock, Cinzano e Emulzint. Docente em cursos de pós-graduação na área de gestão de marketing, gestão comercial e gestão empresarial pelo FGV Management. Atua também na área de treinamento e como consultor de empresas.

Luiz Carlos Peixoto

Bacharel em administração de empresas pela Faculdade Candido Mendes. Fez carreira na área de vendas da Xerox do Brasil, onde trabalhou durante 25 anos. Ingressou como representante de vendas, foi gerente de contas, supervisor de vendas, instrutor de vendas e gerente nacional de treinamento de marketing e vendas, desenvolvendo e implementando programas de treinamento para a força de vendas. Professor do FGV Management.